まえがき

本書は、『生涯学習論』の改訂版である。改訂にあたって、法律の規定や引用した文献をできる限り最新なものにするように心掛けた。

本書では、生涯学習の理論的基礎を明らかにし、学校教育と学校外教育の連携の在り方を探究する。大学や大学院は、社会人に門戸を開けている。学校外教育の施設として、図書館、博物館、公民館の役割を述べる。次に、人間の生涯発達を概観し、各発達段階における発達課題を指摘する。

第１章「生涯学習の理論」では、生涯学習とは何かを理解するために、教育を分類し、生涯学習の定義と必要性を述べ、生涯教育の系譜をたどる。

第２章「生涯学習と学校」では、学校が生涯学習の場であることを述べる。学校開放によって、大学は公開講座を提供し、社会人が大学や大学院へ就学している。放送大学は、新しいタイプの学校である。

第３章「図書館」では、図書館の目的を述べ、図書館を分類し、図書館の現状や課題を明らかにする。

第４章「博物館」では、博物館の現状を理解し、図書館の直面する課題を指摘する。

第５章「公民館」では、公民館の現状を把握し、公民館の事業を延べ、公民館の直面する課題を指摘する。

第６章「生涯学習と生涯発達」では、Ｒ・Ｊ・ハヴィガーストなどの発達段階の理論を検討し、発達課題を明らかにする

第７章「乳幼児の教育」では、乳幼児教育の目的とその前提、自由保育、子どもの可能性と開発説を分析する。

第８章「青少年の教育」では、全国学力・学習状況調査の結果を概観する。いじめや不登校などの現状を把握する。少年自然の家などの青少年教育施設の実態を探究する。フリーターなども取り上げる。

第９章「成人の教育」では、学習者としての成人の特徴、学習目的、学習課題、学習方法を探究する。

第10章「高齢者の教育」では、高齢化の国際比較をし、定年や発達

的変化などの高齢者の発達課題を探究する。高齢者の関心事や社会参加活動を述べ、自分史を取り上げる。

第 11 章「死の準備教育」では、大学生の死に対する意見を分析し、死への準備教育の必要性を指摘する。

本書が生涯学習に関心のある人々の役に立てば、著者として、これ以上の喜びはない。

最後に、本書の出版に際しては、中部日本教育文化会の方々にはたいへんお世話になった。心よりお礼を申し上げる。

2015 年 5 月

著　者

目　次

第１章　生涯学習の理論

教育は、生涯にわたって続けられる。この考え方を理解するためには、いくつかの前提条件を明らかにしなければならない。まず、教育は、学校教育だけを意味するのではない。もし教育が学校教育と同じ意味であれば、学校を卒業すると同時に、教育も終わるはずである。しかし、学校を卒業しても、何らかの学習を継続する必要がある。

次に、生涯にわたって教育を続けるためには、学習者の学習意欲が存在しなければならない。学校教育はもちろんのこと、学校を卒業した後の学習においては特に、学習者の学習意欲が不可欠である。学習意欲が喪失すれば、その時点で、学習も終わりを告げる。

また、学習を継続するためには、学習を可能にする条件を整備しなければならない。いくら学習意欲があっても、現実に学習できなければ、掛け声だけに終わってしまう。学習の内容や方法、学習のための情報、学習するための時間などが整備されなければ、学習することはできない。生涯学習の考え方は、主張すればよいというものではない。生涯学習の中身を分析する必要がある。

本章では、生涯学習とは何かを理解するために、教育を分類し、生涯学習の定義と必要性を述べ、生涯教育の系譜をたどる。第１に、教育を、学校教育、家庭教育、社会教育に分類し、その内容を明らかにする。第２に、生涯学習を定義し、生涯学習の必要性を述べる。第３に、生涯教育の系譜をたどり、ユネスコの生涯教育論とリカレント教育の動向を見てみよう。

1　教育の分類

教育が行われる場によって教育を分類すると、学校教育と学校外教育に分類できる。そして、学校外教育は、家庭教育、社会教育に分類できる。生涯教育は、学校外教育のことを指すことが多い。正確に言えば、生涯教育は、学校教育の中の意図的で計画的な教育を除外した部分と学校外教育とを指している。

生涯教育が主張される以前には、社会教育が学校教育と対置されていた。その社会教育の範囲は、2通りに解釈できる。ひとつは、社会教育を学校外教育として理解することである。学校における組織的教育を除いた部分が、社会教育となるのである。この考え方は、広い意味で社会教育をとらえている。もうひとつは、学校教育と家庭教育を除いた部分を社会教育とみなすことである。この考え方は、狭い意味で社会教育をとらえている。

社会教育の範囲は、教育全体の中における社会教育の位置付けと関係している。教育を学校と学校外教育に分類すれば、社会教育は学校外教育とほぼ同じ意味で理解できる。他方、教育を学校教育、家庭教育、社会教育に分類すれば、社会教育は狭い意味で使用することになる。

では、以下において、学校教育、家庭教育、社会教育の内容を順に見てみよう。

(1) 学校教育

学校教育とは、学校という一定の場所で、教師が児童・生徒に対して行う意図的で計画的な教育のことである。学校では、人的・物的条件が整えられ、教育課程にしたがって継続的に教育が進められている。そして、学校を修了した者には、一定の承認や資格が与えられる。たとえば、大学を卒業すれば、大学卒業者という承認が与えられるとともに、学士という学位が授与される。狭い意味の学校は、学校教育法第1条に示されている8種類のことを指している。

> 「この法律で、学校とは、幼稚園、小学校、中学校、高等学校、中等教育学校、大学、特別支援学校及び高等専門学校とする。」

これらの学校以外にも、学校という名称を用いている施設は、少なくない。たとえば、専修学校や各種学校は、学校としての要件を備えている。その他にも、自動車学校は、一定の教育課程にしたがって授業が進められている。さらに、予備校や学習塾では、教科に関する授業を行っている。予備校や学習塾の教師は、教育職員免許状を取得している者が多い。

学校教育の中で、小学校と中学校は義務教育となっており、すべての子どもが学校に通学することになっている。保護者は、その子どもを通学させる義務を負っている。教育基本法第4条は、次のように規定している。

「国民は、その保護する子女に、別に法律で定めるところにより、普通教育を受けさせる義務を負う。

2　義務教育として行われる普通教育は、各個人の有する能力を伸ばしつつ社会において自立的に生きる基礎を培い、また、国家及び社会の形成者として必要とされる基本的な資質を養うことを目的として行われるものとする。

3　国及び地方公共団体は、義務教育の機会を保障し、その水準を確保するため、適切な役割分担及び相互の協力の下、その実施に責任を負う。

4　国又は地方公共団体の設置する学校における義務教育については、授業料を徴収しない。」

2015年（平成27年）3月17日の閣議で、小学校から中学校までの9年間の義務教育を一貫して行う「義務教育学校」を設置しやすくするため、学校教育法の改正などを決定した。2016年（平成28年）から、新たな学校の種類として位置づける予定である（注1）。

高等学校への進学率が98%を超えているので、ほとんどの子どもが、18歳まで学校教育を受ける。さらに、大学や短期大学という上級学校に進学する者は、20歳から22歳まで、学校教育を受ける。人間の一生のおよそ4分の1が、学校教育を受ける期間となっている。これは、人間として学習すべきことが非常に多いことを示している。

学校教育は個人的要求を満たすとともに、社会的要求を満たさなければならない。個人的要求とは、知的好奇心を満たし、個人の能力を最大限伸ばすことである。学校教育を受けることは、将来の職業や社会的地位を得るための手段ともなっている。上級の学校を卒業した者の方が、初任給や生涯賃金が高い。

次に、社会的要求とは、社会の存続や発展のために、国民に共通の知識や技術を習得させることである。学校で教えられる内容は、社会の要求を反映する傾向にある。社会でパソコンが必要になってきたので、学校教育にも取り入れられるようになった。

学校教育を円滑に進めていくためには、能力や資格を持った教師、教育の行政組織、一定の施設や設備、教育の計画、一定の年齢の子どもなどが必要である。

⑵ 家庭教育

家庭教育とは、主として親がその子どもに対して行う教育である。この家庭教育は、次のような特徴を持っている。第1に、家庭で生活すること自体が教育となっている。家族がともに生活することによって、家庭の雰囲気が作られる。その雰囲気が、子どもの性格に大きな影響を与える。その影響は意図的なものもあるけれども、むしろ無意図的なものの方が多いであろう。家庭教育では、組織的で計画的な教育は期待することができない。現在では、組織的で計画的な教育は学校教育で行うようになっている。家庭教育は、教育目的や教育内容・方法において組織性や計画性は不十分であるけれども、子どもの人格形成に与える影響は大きい。

第2に、親の養育態度が、子どもの性格形成に大きく影響する。たとえば、授乳や排泄の仕方が、子どもの性格に影響すると言われている。授乳の時、母親に十分抱かれ、皮膚と皮膚を十分触れ合うことによって、子どもの愛情欲求が満たされ、情緒が安定するようになる。排泄についても、あまり厳しくしつけられると、反抗的な性格になると言われている。そして、母親の養育態度が過保護になると、子どもは依存的な性格傾向を示し、母親が専制的になると、子どもは情緒不安定になる。このように、親の養育態度は、子どもの性格形成に大きな影響を与えている。

第3に、家族の構造が変化し、核家族化や少子化が進んできた。核家族は、1組の夫婦とその未婚の子どもだけで構成されている家族を指している。1世帯当たりの平均人数は、1955年（昭和30年）ごろまでは5人前後であったけれども、1980年（昭和55年）には、3.25人に減っている。2000年（平成12年）には、2.70人に減っている。2012年（平成24年）の厚生労働省　厚生統計要覧（注2）によれば、2011年（平成23年）には、2.58人に減っている。また、1世帯当たりの子どもの人数も、徐々に減ってきた。1940年（昭和15年）には4.27人、1957年（昭和32年）には3.60人、1967年（昭和42年）には2.65人、1982年（昭和57年）には2.23人となっている。厚生労働省　「グラフでみる世帯の状況（平成24年）」（注3）によれば、2011年（平成22年）には、1.70人となっている。「2011年（平成23年）人口動態統計月報年計（概数）の概況」（注4）によれば、2011年（平成23年）の出生率は、1.39 である。その結果、ひとりっ子やふたりきょうだいが増えている。きょうだいの人数が減り、家族の規模は大家族から小家族に向かっている。核家族化が進むと、母親の育児経験が少なくなり、祖母から「育児の知恵」を受け継ぐことが難しくなる。また、きょうだいの人数が少なくなると、他者と協調して行動することが学習しにくくなる。社会性を身に付けるために、他者と遊ぶ機会を確保しなければならない。

第4に、共働きの家庭が増え、子どもがその影響を受ける。母親が働く理由は、生活費や教育費を得るため、高価な品物を買うため、自分の能力や技術を生かすため、家にいたくないため、などである。以前には、生活費の足しにするという理由が多かった。最近では、家のローンを返済するため、子どもの教育費を確保するため、という理由が増えている。

母親が働きに出かけることは、女性の能力を生かすことであり、歓迎されることである。しかし、子どもに対する影響も考えなければならない。たとえば、次のような子どもの声がある。

「家にいる時はいてもいなくてもよかったけれどもお母さんが働きに出ると、やっぱりさびしい。」（小学5年・女子）

「お母さんはいつも働きにいくから『くたびれたんだから』とすぐにおこります。ぼくはお母さんにおこられないようにしたいと思います。」（小学4年・男子）

「ぼくの家では、ときどき短縮授業などの時に、おひるごはんが用意されていないことがあります。そんなときはとても困ります。」（小学5年・男子）

「母が働くことをいやだということはない。しかし、父母会に出てくれないのがいやだ。」（小学1年・女子）（注5）

共働きは、子どもに望ましい影響と望ましくない影響を与えている。

望ましい影響は、子どもが自立心を早く身に付けること、子どもの自発的な手伝いの気持ちを習得させせること、などである。他方、望ましくない影響は、子どもにさびしい思いをさせること、母親がおこりっぽくなること、食事の用意をしないこと、などである。この中で、食事の用意をしないことについては、工夫の余地があり、解決できるものである。母親が注意すれば、前もって食事の用意をしておくことが可能である。問題なのは、子どものさびしい気持ちをどうするかである。特に、労働時間が長い母親の場合、この問題は深刻である。共働きと子どもの世話をどのように調和させていくかが、大切である。

1985 年 (昭和 60 年) 6 月 26 日付けの臨時教育審議会第一次答申は、家庭の教育力の低下を指摘している。

「家庭の変化のなかで、親の養育態度も過保護、過干渉あるいは放任の傾向が強まり、また、乳幼児期における子育ての方針が混迷しがちであること、就業形態の変化により父母が不在がちであることなども重なって、母と子のきずなや父親の影響力の不足、しつけの不足など、家庭における教育機能が低下している。」

言葉づかいや行動様式は、家庭の教育によって育成される。青少年の中には、乱暴な言葉づかいをする者がいる。挨拶をできない者もいる。あるいは、地面に平気で座り込む者もいる。電車の中で化粧をする女性もいる。家庭でのしつけがしっかりと行われていれば、不作法な言葉づかいや行動様式は、かなりの程度改善されるであろう。

文部科学省は、1999 年 (平成 11 年) 度から家庭教育の情報の提供を行い、親に対して、「家庭教育手帳」と「家庭教育ノート」を配布している (注 6)。家庭でのしつけの在り方などを盛り込んだ「家庭教育手帳」は、妊産婦や乳幼児を持つ親に、母子健康手帳交付時、1 歳 6 か月検診、3 歳児検診などの母子保健の機会を活用して配布している。「家庭教育手帳　乳幼児編」は、就学前の子どもを持つ保護者に、「家庭教育手帳　小学生 (低学年～中学年) 編」は、小学 1 年～4 年生の子どもを持つ保護者に、「家庭教育手帳　小学生 (高学年) ～中学生編」は、小学 5 年生～中学生の子どもを持つ保護者に配布している。

「家庭教育ノート」は、全国の小学校、中学校、特別支援学校を通じて、小学生や中学生などの子どもを持つ親に配布している。「家庭教育手帳」と「家庭教育ノート」は、ＰＴＡや子育てサークルの研修会などで活用している。

また、児童虐待は、主として家庭の中で起きている。厚生労働省の「児童虐待の定義と現状」（注 7）によれば、児童相談所の児童虐待の相談対応件数（2011 年（平成 23 年）度）は、児童虐待防止法施行前（1999 年（平成 11 年）度）の 5.2 倍に増加（約 6 万件）であり、虐待死はほとんどの年で 50 人を超えている。児童虐待は、身体的虐待（殴る、蹴る、投げ落とす、激しく揺さぶる、やけどを負わせる、溺れさせる、首を絞める、縄などにより一室に拘束するなど）、性的虐待（子どもへの性的行為、性的行為を見せる、性器を触る又は触らせる、ポルノグラフィの被写体にするなど）、ネグレクト（家に閉じ込める、食事を与えない、ひどく不潔にする、自動車の中に放置する、重い病気になっても病院に連れて行かないなど）、心理的虐待（言葉による脅し、無視、きょうだい間での差別的扱い、子どもの目の前で家族に対して暴力をふるう（ドメスティック・バイオレンス：ＤＶ）など）の 4 種類に分類できる。

家庭が密室であるため、早期発見や早期対応がむずかしい。市町村において、「虐待防止ネットワーク」の設置が進んでいる。児童虐待防止法も改正されている。

⑶ 社会教育

教育は、学校だけで行われるものではない。学校以外の場所においても、教育は行われている。旧教育基本法第 2 条は、次のように規定していた。

「教育の目的は、あらゆる機会に、あらゆる場所において実現されなければならない。この目的を達成するためには、学問の自由を尊重し、実際生活に即し、自発的精神を養い、自他の敬愛と協力によって、文化の創造と発展に貢献するよう努めなければならない。」

教育基本法は、1947 年（昭和 22 年）に作成されている。この法律が作成された当時は、戦後まもなくであり、学校をはじめとする教育制度は、まだ十分に確立されていなかった。そういう時に、教育を広くとらえたことは、画期的であった。教育は学校だけではなく、「あらゆる場所」で行うように規定していた。

この教育の目的を受けて、旧教育基本法第 7 条では、社会教育を次のように規定していた。

「家庭教育及び勤労の場所その他社会において行われる教育は、国及び地方公共団体によって奨励されなければならない。

2　国及び地方公共団体は、図書館、博物館、公民館等の設置、学校の施設の利用その他適当な方法によって教育の目的の実現に努めなければならない。」

この規定においては、家庭教育も社会教育の一部として位置付けられている。ところが、1947 年（昭和 22 年）に作成された社会教育法によれば、社会教育は主として青少年と成人を対象としており、家庭教育はその中に含まれているものの、前面には出されていない。社会教育法第 2 条は、社会教育を次のように規定している。

「この法律で『社会教育』とは、学校教育法（昭和二十二年法律第二十六号）に基き、学校の教育課程として行われる教育活動を除き、主として青少年及び成人に対して行われる組織的な教育活動（体育及びレクリエーションの活動を含む。）をいう。」

この規定によれば、社会教育とは、学校教育以外の教育を意味している。そして、社会教育は、子どもの教育（ペダゴジー）よりも大人の教育（アンドラゴジー）に深くかかわっている。

社会教育法第 2 条の規定によって、社会教育を理解できるだろうか。残念ながら、学校教育や家庭教育と比較して、社会教育は理解することがむずかしい。なぜなら、社会教育は学校教育以外の「その他」教育であり、消極的な規定しかされていないからである。社会教育が学校教育ではないと規定しても、それが何であるかを説明したことにはならない。学校教育や家庭教育については、具体的なイメージが浮かんでくる。しかし、社会教育については、具体的な場面や教育的関係が浮かんでこない。

教育基本法が、2006 年（平成 18 年）12 月 22 日に改正された。改正教育基本法では、生涯学習の理念が、規定されている。改正教育基本法

第3条は、生涯学習の理念を、次のように規定している。

「国民一人一人が、自己の人格を磨き、豊かな人生を送ることができるよう、その生涯にわたって、あらゆる機会に、あらゆる場所において学習することができ、その成果を適切に生かすことのできる社会の実現が図られなければならない。」

改正教育基本法では、独立した項目として取り扱われているので、生涯学習を重視していると判断できる。

社会教育については、改正教育基本法第12条で規定している。

「個人の要望や社会の要請にこたえ、社会において行われる教育は、国及び地方公共団体によって奨励されなければならない。

2　国及び地方公共団体は、図書館、博物館、公民館その他の社会教育施設の設置、学校の施設の利用、学習の機会及び情報の提供その他の適当な方法によって社会教育の振興に努めなければならない。」

この規定の中には、家庭教育が含まれていない。改正教育基本法では、家庭教育が別の項目で取り扱われている。改正教育基本法第10条は、家庭教育を、次のように規定している。

「父母その他の保護者は、子の教育について第一義的責任を有するものであって、生活のために必要な習慣を身に付けさせるとともに、自立心を育成し、心身の調和のとれた発達を図るよう努めるものとする。

2　国及び地方公共団体は、家庭教育の自主性を尊重しつつ、保護者に対する学習の機会及び情報の提供その他の家庭教育を支援するために必要な施策を講ずるよう努めなければならない。」

この規定は、家庭教育を社会教育とは異なるものとして取り扱っている。家庭教育については、私事性が強いので、法律に記載するのが適切ではないことが指摘されている。

2　生涯学習の定義と必要性

(1) 生涯教育と生涯学習

生涯教育という用語が用いられるようになったのは、1960年代後半である。しかし、その後、生涯教育よりも生涯学習の方が、ひんぱんに用いられるようになった。生涯教育から生涯学習への転換は、その用語がもつ意味と関係している。

教育という用語は教師中心の授業を連想させ、学習者の自発性を軽視すると考えられた。つまり、生涯教育では、教師が一方的に教える意味合いが強い。一方、生涯学習では、個人が学習者となって、自らあるいは相互に学習していく。現在では、学習者の自発性を重視するという理由で、生涯学習という用語の方が多く用いられている。

また、生涯教育は、学校・家庭・地域社会の教育機能を相互に関連付け、総合的に整備したり充実したりすることを意味することがある。生涯教育の「充実」を主張する時は、この意味で用いられている。この意味は、生涯教育の本来の意味とは異なるので、注意を必要とする。

ただ、教育という用語と学習という用語の違いについては、もっと厳密な分析が必要である。教育は、教師、学習者、教育内容を構成要素としている。一方、学習は学習者と教育内容を構成要素としており、教師を必要条件とはしない。もちろん、学習においても、教師が介在する時もある。しかし、学習は、学習者の立場に立った概念である。教育した結果、学習が生ずる。この場合、教育は、教えることを含んでいる。学習は、教師が教えることを前提としていない。このように、教育と学習には、一定の違いが存在する。

⑵ 生涯学習の定義

生涯学習を定義すると、次のようになる。

「生涯学習は、個人の自発的な学習意欲に基づき、生涯の各段階において、生活を充実させるために行う学習のことである。」

この定義は、次の３つの特徴を持っている。第１に、生涯学習は、学習者の自発性に基づく学習である。学習者の自発性がなければ、生涯学習は成立しない。学校教育は、ある種の強制力を前提にしている。学校に出席することは、子どもに対して強制することを意味している。学校は、出席しなければならないものである。学校に出席しないで、「訪問教育」を受けることも可能である。しかし、その適用範囲は、まだたいへん狭い。学校では、大多数の子どもは、出席を強制されている。

生涯学習は学習者の自発性に基づくので、出席を強制されることはない。生涯学習に関心を持たなくなった時点で、学習者は出席することをやめてしまう。現実には、生涯学習の講座は、欠席者が少ない。これは、学習者の学習意欲が高いためであろう。

第2に、学習が生涯にわたって続けられる。このことは、2つのことを意味している。ひとつは、学習は学校だけで行われるものではないということである。学校を卒業すれば、学習しなくてよいという考えは、間違いである。学習する内容は異なるかもしれないけれども、学校を卒業した後も、学習する必要が生じてくる。就職すると、新しい職場で、自分の仕事のやり方を学習しなければならない。どのような職種についても、学習することが要求される。

もうひとつは、人間の一生には、それぞれのライフ・ステージにおいて、解決すべき学習課題が存在することである。人間は、乳幼児期、少年期、青年期、成人期、高齢期を経る。それぞれのライフ・ステージにおいて、人間はさまざまな問題と出会うのである。その問題を解決するためには、一定の学習をしなければならない。

第3に、生活に関するものすべてが学習の内容になる。生涯学習においては、学習内容が、多種多様である。学校教育では、学習内容は教科として分節化され、学年に応じて配当されている。そして、授業時間数も、定められている。生涯学習では、学習内容は雑多であり、たいへん広い領域を含んでいる。極論すれば、学習者の関心の対象が、すべて学習内容になる。生涯学習の学習内容は、学校教育の延長のような知的レベルの高いものから、趣味に近いものまでを含んでいる。

(3) 生涯学習の必要性

生涯学習が必要とされるようになった理由を考えてみよう。

第1に、学校教育の抱える問題を解決するために、生涯学習が主張されるようになった。学校教育に関しては、学歴主義が重視されてきた。その産物として、不適応の問題が生じてきた。2013年（平成25年）に、小・中学校における、不登校児童生徒数は119,617人（前年度112,689人）であり、不登校児童生徒の割合は1.17%（前年度1.09%）である。

高等学校における、中途退学者数は59,742人であり、中途退学者の割合は1.7%である。中途退学の理由は、「学校生活・学業不適応」が36.4%、「進路変更」が32.9%である（注8)。このような問題を克服するために、生涯学習が主張されるようになった。

学校教育に対する批判は、教育に対する考え方の転換を要求している。従来は、教育といえば、学校教育だけを連想していた。学校教育が教育のすべてだと理解されていた。「教育をつける」ことは、学校を卒業して、学歴を身に付けることであった。

これに対して、生涯学習は、学校教育はもちろん、学校教育以外の教育を意味している。生涯学習においては、教育の考え方が変化している。生涯学習における教育は、広くとらえられており、学校教育の殻を打ち破っている。

第2に、学習者の意識が変わってきた。学習したいという学習意欲が高まってきた。この学習意欲を充足させるためには、生涯学習の体制を整備しなければならない。

たとえば、生涯学習に取り組む人々の数は、確実に増えている。2012年（平成24年）の内閣府の「生涯学習に関する世論調査」（注9）によれば、この1年くらいの間に、どのような生涯学習をしたことがあるか聞いたところ、「健康・スポーツ（健康法、医学、栄養、ジョギング、水泳など）」を挙げた者の割合が30.4%と最も高く、以下、「趣味的なもの（音楽、美術、華道、舞踊、書道、レクリエーション活動など）」（25.7%）、「職業上必要な知識・技能（仕事に関係のある知識の習得や資格の取得など）」（15.2%）、「家庭生活に役立つ技能（料理、洋裁、和裁、編み物など）」（14.1%）などの順となっている。なお、「生涯学習をしたことがない」と答えた者の割合が42.5%となっている。（複数回答、上位4項目）

前回の調査結果（平成20年5月調査をいう、以下同じ）と比較してみると、「健康・スポーツ（健康法、医学、栄養、ジョギング、水泳など）」（22.5%→30.4%）、「趣味的なもの（音楽、美術、華道、舞踊、書道、レクリエーション活動など）」（19.8%→25.7%）、「職業上必要な知識・技能（仕事に関係のある知識の習得や資格の取得など）」（9.3%

→15.2%)、「家庭生活に役立つ技能（料理、洋裁、和裁、編み物など）」（8.4%→14.1%）を挙げた者の割合が上昇している。

都市規模別に見ると、「家庭生活に役立つ技能（料理、洋裁、和裁、編み物など）」を挙げた者の割合は中都市で高くなっている。

性別に見ると、「趣味的なもの（音楽、美術、華道、舞踊、書道、レクリエーション活動など）」、「家庭生活に役立つ技能（料理、洋裁、和裁、編み物など）」を挙げた者の割合は女性で、「職業上必要な知識・技能（仕事に関係のある知識の習得や資格の取得など）」を挙げた者の割合は男性で、それぞれ高くなっている。

年齢別に見ると、「職業上必要な知識・技能（仕事に関係のある知識の習得や資格の取得など）」を挙げた者の割合は20歳代から40歳代で高くなっている。

このように、生涯学習に取り組む人々は増えており、学習意欲が高い。また、図書館の利用者の数も、1989年（平成元年）度の約7千6百万人から1992年（平成4年）度の約1億50万人と増えている。2010年（平成22年）度には、約1億8千7百万人と増えている（注10)。学習のレベルアップを目指す人々も、増えてきた。

学習意欲を持つ人々に対して、次のような問題を指摘できる。

① 学習情報をどのように提供するのか。

② 学習の機会は、どのような機関が提供するのか。

③ 学習の成果をどのように評価するのか。

第3に、社会や経済の変化が、自由時間を生み出し、学習を可能な状況にした。週休2日制の普及により、休日が増えた。労働時間の短縮が叫ばれ、週40時間労働が推進されている。労働時間の短縮は、自由時間の拡大をもたらしている。寿命が長くなり、高齢者の生きがいとして、学習に目を向ける高齢者が増えてきた。また、電化製品の普及により、主婦の家事に従事する時間が短縮された。学習者を取り巻く状況が変化し、学習が可能になったのである。

第4に、勤労者から職業教育に対する要求が増えてきた。もともと、学校においても、職業のための教育が行われている。高等学校では、目的の中に職業教育が含まれている。学校教育法第50条は、高等学校の目的を次のように規定している。

「高等学校は、中学校における教育の基礎の上に、心身の発達及び進路に応じて、高度な普通教育及び専門教育を施すことを目的とする。」

この中の「専門教育」は、技能的な職業教育のことである。「専門教育」は、もともと特定の学問分野の専門的知識や技能を指していた。しかし、1960年代の高度成長期に、産業界の要請があり、「専門教育」を職業教育と同一視するようになってきた。高等学校では、「専門教育を主とする学科」と「普通教育及び専門教育を選択履修を旨として総合的に施す学科」(高等学校設置基準第5条)において、専門教育が行われる。前者の学科は、農業、水産、工業、商業、家庭、厚生、商船、外国語、美術、音楽に関する学科を含んでいる。後者の学科は総合学科であり、高校改革のひとつとして、設置されたものである。

そして、短期大学においても、目的の中に職業教育が規定されている。学校教育法第108条の第1項によれば、「大学は、第八十三条第一項に規定する目的に代えて、深く専門の学芸を教授研究し、職業又は実際生活に必要な能力を育成することを主な目的とすることができる。」とされている。この目的を持った学校が短期大学である。

しかし、産業界からみれば、学校における職業教育だけでは、不十分である。そこには、学校がどの程度、職業教育を引き受けるか、という問題も存在している。企業の側では、役に立つ人材を養成するために、研修や企業内教育を行っている。それでも十分でない場合には、勤労者が自ら学習の場を探すことになる。

科学技術が進歩し、社会が変化しつつあるので、勤労者も、それに対応した知識や技術を身に付ける必要がある。会社が終わった後に、専門学校に通う姿も、まれではなくなってきている。

1996年(平成8年)度の『我が国の文教施策』では、生涯学習が主張されるようになった社会的背景として、次の3点が指摘されている。

① 学歴社会の弊害

いわゆる学歴社会の弊害を是正するためには、形式的な学歴によらずに、生涯の各時期の学習の成果が適切に評価される社会を目指すことが求められていること。

② 社会の成熟化に伴う学習需要の拡大

所得水準の向上、自由時間の増大、高齢化等、社会の成熟に伴い、心の豊かさや生きがいのための学習需要が増大していること。

③ 社会・経済の変化に対応するための学習の必要性

科学技術の高度化、情報化・国際化、産業構造の変化等、社会・経済の変化に伴い、人々が絶えず新しい知識・技術を習得することが必要になっていること（注11）。

生涯学習の考えが普及してきた中で、1990年（平成2年）1月30日付の中央教育審議会答申「生涯学習の基盤整備について」が出された。この答申を受けて、同年6月29日付で「生涯学習の振興のための施策の推進体制等の整備に関する法律」が制定された。この法律は、はじめて「生涯学習」という言葉を用いた法律である。この法律は、次のことを規定している。第1に、都道府県が生涯学習の振興のため、その推進体制を整備すること。第2に、都道府県生涯学習審議会を設置すること。第3に、文部科学省と経済産業省の判断基準のもとに、特定の地区において、民間事業者の能力を活用して、地域生涯学習振興基本構想を策定すること。

しかし、生涯学習の定義は、この法律の中で行われていない。わずかに、第2条の中で、「学習に関する国民の自発的意思を尊重するよう配慮する」ことが述べられているだけである。生涯学習が何かを理解しないで、生涯学習の推進体制を整備することはできない。

3 生涯学習論の系譜

社会教育に比べると、生涯学習論は、歴史が浅い。わが国において、生涯学習論の萌芽は、1947年（昭和22年）の旧教育基本法第2条に見ることができる。

「教育の目的は、あらゆる機会に、あらゆる場所において実現されなければならない。（以下略）」

「あらゆる場所」において行われる教育は、まさに生涯学習論そのものである。しかし、当時における教育の枠組みは、学校教育と、それに対置する社会教育だけであった。

生涯学習論は、ユネスコを通じて世界中に広まっていった。先進諸国だけではなく、開発途上国においても、生涯学習論は、主張されるようになったのである。以下において、ユネスコの生涯学習論と経済協力開発機構（ＯＥＣＤ）のリカレント教育を見てみよう。

(1) Ｐ・ラングランの生涯教育論

生涯学習論が注目されるようになったのは、1965年（昭和40年）以降のことである。同年12月に、第3回成人教育推進会議が、「生涯教育」をテーマとして、パリで開催された。この会議において、ユネスコの成人教育局成人教育課長であったＰ・ラングラン（P.Lengrand）が、生涯教育についての論文を提出した。その時、ラングランは、「恒久教育」(education permanente)　という用語を用いていた。

その後、ラングランは、『生涯教育入門』（An Introduction to Lifelong Education）を1970年（昭和45年）に出版している。その中で、教育の任務は、次のようにとらえられている。

・人間存在を、その生涯を通じて、教育訓練を継続するのを助ける構造と方法を整えやすくすること。

・各人を、彼が、いろいろな形態の自己教育によって、最大限に自己開発の固有の主体となり固有の手段となるように装備させること（注12）。

ラングランがめざしている生涯教育は、従来の学校教育の延長や成人教育の再編成ではない。それは、生涯を通じての教育を用意することによって、自己教育を可能にするものである。

そして、ラングランは、生涯教育を推進するための方策を策定する時の留意点を次のように述べている。

・知識の風化を防ぐほどには、教育の継続性を確保する必要があること。

・それぞれの社会の特殊で独自な目標に事業計画や実施方法が適合すること。

・人々をそのあらゆる教育段階を通じて、進化や変化や変革を受容するようなタイプの生活へと準備すること。

・教育にかぶされている伝統的な定義や制度上の制限を超えて、教育と情報のあらゆる手段を大規模に動員し活用すること。

・教育の目標とさまざまの形態の活動（技術、政治、産業、商業その他の）との間の密接なむすびつき（注 13）。

ここで注目すべきことは、それぞれの社会の独自性を認めていることと、教育を広くとらえていることである。教育を広くとらえると、必要な情報の集積が不可欠になる。

(2) フォール報告書

次に、1970 年（昭和 45 年）12 月に、ユネスコは、第 16 回総会において、事務総長に「教育開発国際委員会」を設置することを委任した。そして、加盟国に対して、国際レベルにおいて教育諸戦略を考察するために必要な諸要素をととのえ、かつ提供することを委任したのである。事務総長は、E・フォール（E.Faure）をはじめとする 7 名の委員を任命した。委員会は、1972 年（昭和 47 年）5 月に報告書を提出した。この報告書が、いわゆる「フォール報告書」である。報告書の正式の題名は、『未来の学習－今日と明日の教育の世界』（Learning to Be－The World of Education Today and Tomorrow）である。

フォール報告書は、先進諸国や開発途上国の教育の現実を分析し、問題点を指摘するとともに、将来に向けていくつかの提言をしている。まず、現在の教育の特徴として、3 点を指摘している（注 14）。

第 1 に、世界的な規模で、教育の発展が経済の発展に先行する傾向がある。従来、教育の発展は、ヨーロッパ諸国において、経済の成長の後を追ってきた。しかし、日本、ソビエト連邦（現在のロシア）、アメリカ合衆国では、教育の発展が経済の発展に先行していた。そして、開発途上の国々においても、教育の発展を先行させる道を選択したのである。

第 2 に、歴史上はじめて、教育がこれまで存在していない型の社会のための人間を養成することに従事していることである。教育は、社会の変化に対して、新しい任務を与えられたのである。

第 3 に、教育の所産と社会の要求との間には、矛盾が生じている。歴史上はじめて、若干の社会は、制度化された教育の所産の多くを拒否しはじめている。

このような分析は、「学習社会」を形成することにつながっていく。教育を議論する時には、社会の変化という視点を考慮しなければならないのである。

次に、教育政策の指導原理として、生涯教育の在り方を、次のように規定している。

「すべての人は生涯を通じて学習を続けることが可能でなければならない。生涯教育という考え方は、学習社会の中心的思想である。」（注15）

この原理に基づいて、フォール報告書は次のような勧告をしている。

「われわれは、生涯教育を先進国と開発途上国の両者にとって、来るべき時代における教育政策の支配概念として提唱する。」（注16）

そして、1972年（昭和47年）11月に、パリでユネスコ総会における教育部会の席上、当時の130あまりの加盟国に対して、フォール報告書に対する正式なコメントが要請された。このことは、フォール報告書の内容が、先進諸国と開発途上国に広まったことを意味している。生涯教育の考え方は、世界中に広まった。

(3) リカレント教育

経済協力開発機構（ＯＥＣＤ）は、生涯にわたる教育を実現するための方策として、リカレント教育を提唱している。1981年（昭和56年）の中央教育審議会答申「生涯教育について」によれば、リカレント教育は、「義務教育終了後における就学の時期や方法を弾力的なものとし、生涯にわたって、教育を受けることと労働などの諸活動とを交互に行えるようにする」ものである。

リカレント教育は、もともと社会人の再教育のために提案されたものである。社会人が職業上必要とする知識や技術を習得するために、高等教育機関などで学習するのである。この場合、社会人はフルタイムの職業を持ち、フルタイムの学習をすることになる。高等教育機関では、学習しやすいように社会人入試枠を拡大したり、夜間にも授業を開講したりするように配慮している。

文部科学省は、リカレント教育推進事業を実施している。この事業は、高等教育機関、地方公共団体、産業界などの関係者を構成員とする、地域リカレント教育推進協議会によって進められている。事業の内容は、①社会人・職業人の学習ニーズなど情報の収集・提供、②学習プログラムの研究開発、③学習コースの開設、などである。1996年（平成8年）度においては、北海道、山形、京都の各地域で実施されている（注17）。

リカレント教育の中でも、社会人が職業に必要な知識や技術のレベルアップを図ったり、最新の知識を学習したりすることを、リフレッシュ教育と呼んでいる。このリフレッシュ教育は、大学や大学院などの高等教育機関で実施される。このリフレッシュ教育を推進するために、文部省は「リフレッシュ教育推進協議会」を開催し、広報活動を行っている。そして、各国立大学では、「リフレッシュ教育フォーラム」を開催し、社会人の受け入れについて、産業界の関係者と意見交換をしている。また、高等教育機関では、教育内容や方法の改善を目指し、少人数のセミナー形式の授業、衛星通信を利用した海外の大学との合同授業、実践的なケース・メソッドの導入などに取り組んでいる（注18）。

文部科学省は、2007年（平成19年）度から、「大学・専修学校等における再チャレンジ支援推進プラン」において、「社会人の学び直しニーズ対応教育推進プログラム」を実施し、大学、短期大学、高等専門学校に事業を委託している。その趣旨は、実施要項で、次のように述べられている。

「社会人の『学び直し』のニーズに対応するため、大学、短期大学、高等専門学校（以下、「大学等」という。）における幅広い教育研究資源を活かした優れた学修プログラムを開発・実施することにより、学び直しに資する良質な教育プログラムの普及を図り、再チャレンジを可能とする柔軟で多様な社会の実現を目指す。」（注19）

この趣旨の中では、「リカレント教育」という言葉を使用していないけれども、「社会人の『学び直し』」という言葉は、「リカレント教育」と同じ意味である。

注

(1) NHK ニュースオンライン、

www3.nhk.or.jp

(2) 厚生労働省、「厚生統計要覧」

http://www.mhlw.go.jp/toukei/youran/indexyk_1_3.html

(3) 厚生労働省、「グラフでみる世帯の状況（平成 24 年）」

http://www.mhlw.go.jp/toukei/list/dl/20-21-01.pdf

(4) 「2011 年（平成 23 年）人口動態統計月報年計（概数）の概況」

http://www.mhlw.go.jp/toukei/saikin/hw/jinkou/geppo/nengai11/sankou01.html

(5) 岩男寿美子、杉山明子、『働く母親の時代』（日本放送出版会、1985 年） 101-109 ページ。

(6) 文部科学省（編）、『平成 13 年度　文部科学白書』（財務省印刷局、2002 年） 151 ページ。

(7) 厚生労働省の「児童虐待の定義と現状」

http://www.mhlw.go.jp/seisakunitsuite/bunya/kodomo/kodomo_kosodate/dv/about.html

(8) 文部科学省初等中等教育局児童生徒課、「平成 25 年度『児童生徒の問題行動等生徒指導上の諸問題に関する調査』等結果について」平成 26 年 10 月 16 日

http://www.mext.go.jp/b_menu/houdou/26/10/1351936.htm

(9) 内閣府、「生涯学習に関する世論調査」2012 年(平成 24 年)

http://www8.cao.go.jp/survey/h24/h24-gakushu/

(10) 文部科学省、『平成 14 年度　社会教育調査報告書』（独立行政法人国立印刷局、2004 年） 137 ページ。

文部科学省、『平成 23 年度　社会教育調査報告書』（日経印刷、2011 年） 21 ページ。

(11) 文部省（編）、『平成 8 年度　我が国の文教施策』前掲書、 166 ページ。

(12) P.Lengrand,An Introduction to Lifelong Education,1970.

邦訳、P・ラングラン、波多野完治訳、『生涯教育入門』（第一部）

（全日本社会教育連合会、1984年）49ページ。

(13) 同上、81ページ。

(14) E.Faure,et al,Learning to Be--The World of Education Today and Tomorrow(UNESCOand G.G.Harrap & Co.,1972)

邦訳、E・フォール他、国立教育研究所内フォール報告書検討委員会（代表　平塚益徳）訳、『未来の学習』（第一法規、1979年）44-46ページ。

(15) 同上、 208ページ。

(16) 同上。

(17) 文部省（編）、『平成 8 年度　我が国の文教施策』前掲書、 161ページ。

(18) 文部省（編）、『平成7年度　我が国の文教施策』（大蔵省印刷局、1996年）66ページ。

(19) 文部科学省、「社会人の学び直しニーズ対応教育推進事業委託」実施要綱等について」

http://www.mext.go.jp/a_menu/koutou/kaikaku/shakaijin/07061508.htm

第２章　生涯学習と学校

生涯学習を一生涯にわたって行う学習であると理解すると、学校教育も生涯学習の一部に含まれる。この時の学校教育の意味は、二重になっている。ひとつは、幼稚園、小学校、中学校、高等学校、中等教育学校、大学、大学院という制度的な学校教育である。生涯学習は、制度的な学校教育を含むものである。もうひとつは、学校の施設を利用して、生涯学習の機会を提供することである。たとえば、大学や短期大学の施設を利用して、社会人を対象とする公開講座を実施する。これは従来、学校施設を利用した社会教育とみなされていた。現在では、社会教育の一部としてだけではなく、生涯学習の一部としても、注目されている。学校施設を利用することは、学校を社会人に開放することである。生涯学習の考えが普及するにつれて、学校の役割も変化している。

本章では、生涯学習の導入が学校にどのような変化をもたらしたのかを探究する。第１に、生涯学習の考えが学校観を変え、学校は生涯学習施設として位置付けられるようになった。学校と比較すると、生涯学習は、いくつかの特徴を持っている。これらの特徴を指摘する。第２に、生涯学習は、学校開放を進めている。大学は、各種の公開講座を提供している。このような学校開放の動きを考察する。第３に、社会人が大学や大学院に入学できる制度が拡大している。いわゆる社会人特別選抜制度によって、リカレント教育が可能になってきた。社会人のための大学や大学院の在り方を考えてみる。第４に、放送大学が、学校のひとつの形態として、機能している。放送大学は、新しいタイプの学校として位置付けられている。この放送大学の実態を探究する。

1　生涯学習と学校の役割

(1) 生涯学習機関としての学校

生涯学習は、狭い意味の社会教育と同一視されることがある。すなわち、学校教育を終了した後に、生涯学習が存在するという思い込みがある。この思い込みは、「継続教育」や「成人教育」という言葉によっても触発された。「継続教育」は、学校教育を終了した後に、継続して学習を続けることを意味している。そして、「成人教育」は、対象となる学習者が高齢者を含む成人であることを意味している。

生涯学習が学校と無関係であるという考えは、明らかに間違いである。学校は、直接的にあるいは間接的に生涯学習と接点を持っている。学校の位置付けに関する改革案には、生涯学習を中心にしていると言っても、言い過ぎではない。たとえば、1985年（昭和60年）6月26日付の臨時教育審議会答申である教育改革に関する第一次答申は、学歴社会の弊害を是正するために、「生涯学習社会の建設」を目指している。

「学歴社会の弊害は、今日の教育・学習システムのみならず、社会慣行や人々の行動様式に深く根ざしていることから、生涯学習社会の建設を目指すなかで、長期的な視点に立って解決される面が大きいと言える。」

そして、翌年の4月23付けの第二次答申では、教育を活性化するために、「生涯学習体系への移行」を提案している。

「生涯学習体系への移行を目指し、人生の各段階の要請にこたえ、新たな観点から家庭教育、学校教育、社会教育など各分野の広範な教育・学習の体制や機会を総合的に整備する必要がある。」

さらに、生涯学習のために家庭、学校、社会が連携することによって、教育体系を再編成し、「新しい柔軟な教育ネットワーク」を形成すべきだとしている。

このような答申に見られるように、学校は、孤立した教育機関ではなく、生涯学習体系の一部を構成するものである。

1998年（平成10年）9月の生涯学習審議会答申　（「社会の変化に対応した今後の社会教育行政の在り方について」）において、社会教育行政は、地域社会の需要に対応した社会教育行政を展開するため、地方分権・規制緩和に係る改革の方向性について提言が行われた。この答申は、社会教育と学校教育の連携を強化するための「学社融合」の推進、社会教育行政を通じた地域社会の活性化、ネットワーク型行政の推進等も指摘している。学校教育と社会教育の連携について、次のように述べられている。

「地域社会の核としての開かれた学校を作ることや、学社融合の観点から、学校施設・設備を社会教育のために利用していくことが必要である。余裕教室等を利用するなど学校施設を社会教育の場に提供することにより、児童、生徒と地域社会との交流が深まり、地域社会の核としての開かれた学校が実現する。また、特に学校体育施設については、地域住民にとって最も身近に利用できるスポーツ施設であり、学校体育施設の地域社会との共同利用化を促進し、地域住民の立場に立った積極的な利用の促進を図ることも重要である。学校の運動場やプール、教室の開放等が盛んとなってきているが、学校開放にいまだ慎重な学校もあるなど、学校により取組が異なっている。学校開放を進めるため、教育委員会が学校ごとに施設の管理や利用者の安全確保・指導に当たる人員の適切な配置、地域住民の協力を得た委員会の整備など必要な措置を講ずることが求められる。」

この答申では、学校施設の開放を進め、地域住民が使用できることを求めている。現在では、子どもの数が減った結果、空き教室が増えている。空き教室の活用が、課題のひとつとなっている。

文部科学省の2013年（平成25年）度の調査「公立小中学校における余裕教室の活用状況について（平成25年5月1日現在）」（注1）によれば、余裕教室の活用状況については、64,107教室（総数64,555教室のうち99.3%の活用率）が学校施設を始め、何らかの用途に活用されている。活用用途については、当該学校施設として活用されているのは60,213教室（活用教室数の93.9%）であり、学習方法・指導方法の多様化に対応したスペース（29,579 教室（49.1%））、特別教室等の学習スペース（12,668 教室（21.0%））、児童・生徒の生活・交流のスペース（7,033 教室（11.7%））、心の教室・カウンセリングルーム(2,276 教室(3.8%))、授業準備のスペース(2,595教室（4.3%））、教職員のためのスペース（3,262 教室（5.4%））、地域への学校開放を支援するスペース（1,393教室（2.3%））、学校用備蓄倉庫（1,407教室（2.3%））として活用されている。

活用用途については、231教室（0.4%）が、他の学校施設として活用されている。また、3,663教室（5.7%）については、放課後児童クラブ

(2,166 教室 (59.1%))、放課後子ども教室 (231 教室 (6.3%))、児童館 (186 教室 (5.1%))、保育所(63 教室 (1.7%))、社会教育施設等 (194 教室 (5.3%))、社会福祉施設 (100 教室 (2.7%))、地域防災用備蓄倉庫 (383 教室 (10.5%)) など、学校以外の施設へ転用されており、地域の実情やニーズに応じた活用が図られている。

2008 年 (平成 20 年) 2 月 19 日付けの中央教育審議会生涯学習分科会は、「新しい時代を切り拓く生涯学習の振興方策について～知の循環型社会の構築を目指して～」を答申している。この答申の中で、生涯学習と社会教育・学校教育の関係を、次のように説明している。

「生涯学習と社会教育・学校教育の関係を整理すれば、各個人が行う組織的ではない学習 (自学自習) のみならず、社会教育や学校教育において行われる多様な学習活動を含め、国民一人一人がその生涯にわたって自主的・自発的に行うことを基本とした学習活動が生涯学習である、ということができる。この場合、概念的には、社会教育や学校教育そのものではなく、そこで行われる多様な学習活動が、生涯学習に包含される対象であることに留意する必要がある。」

この答申では、生涯学習は、社会教育だけではなく、学校教育も含むとされている。学校は、生涯学習機関として、位置付けることができる。

(2) 学校の役割

生涯学習機関としての学校は、どのような役割を果たすべきであろうか。1990 年 (平成 2 年) の中央教育審議会答申「生涯学習の基盤整備について」によれば、学校は、2 つの役割を持っている (注 2)。第 1 に、学校は、人々の生涯学習を行うための基礎を培うのである。特に、小学校と中学校では、読・書・算の基礎学力が育成されている。この基礎学力を基礎にして、生涯学習が可能になる。

言い換えると、学校は、学習者に対して、学習の構えを身につけさせるのである。学習の構えとは、自ら学習意欲を喚起し、進んで学習に取り組むことである。この学習の構えが確立されていないと、自発的な学習を期待することができない。

第 2 に、学校は、地域の人々に対して、生涯学習のための様々な学習機会を提供している。学校の果たす役割は、二重である。一方で、児童・生徒に対して組織的で、体系的な教育を施している。そして、もう一方では、学習したい人に対していくつかの学習機会を提供している。

学校が生涯学習機関として機能する時、いくつかの利点を伴っている。第1に、学校は、地域の住民にとって、一番身近な存在である。身近に存在する学校の場所を知らない住民は、ほとんどいないであろう。住民の中には、地元の学校の卒業者である者もいる。

第2に、学校の数と公民館の数を比べると、学校の数の方が多い。2011年（平成23年）に、公民館（類似施設を含む。）の数は15,399館であるのに対して、小学校の数は21,721校である。小学校の方が、はるかに数が多いのである。

第3に、学校は、生涯学習のために施設だけを提供するのではない。学校の教師も、生涯学習の助言者として活躍する。あるいは、退職した教師に依頼することも可能である。学校は施設という物的資源だけではなく、教師という人的資源も生涯学習のために提供することができる。

(3) 生涯学習の特徴

学校教育と比較すると、生涯学習は、いくつかの特徴を持っている。生涯学習を理解するには、この特徴を前もって十分知っておかなければならない。生涯学習は、次のような特徴を持っている。

第1に、生涯学習は制度的に未成熟な概念であり、その体系化が進行中である。「生涯学習」という言葉は、比較的新しく使用されだしたものである。わが国では、臨時教育審議会の答申において、「生涯学習」という言葉が「生涯教育」の代わりに使われた。この答申以降、「生涯学習」という言葉が定着したのである。「生涯学習」が「生涯教育」とどのように異なっているのか。この問題を考えてみても、生涯学習の体系化が進んでいるとは言えない。

学校教育は、制度的にしっかりと確立されたものである。学校教育についても、改革が進行中である。しかし、学校教育は、法律的な裏付けが行われている。また、学校教育の理論的裏付けも行われている。

第2に、生涯学習においては、助言者が一緒に学習している。職業としての教師は、生涯学習の場面に登場しない。生涯学習では、教師対児童・生徒という構図ではなく、学習仲間が相互に学習していくという構図が存在している。「教師」という言葉は、教えることを連想する。ここから、教師ではなく、ともに学習するという意味で、助言者が登場する。「助言者」という言葉は、中心が学習者にあることを前提にしている。助言者は、一定の分野を得意としている人物である。助言者は、学校の教師のように、教育職員免許状を取得していなくてもよい。助言者は人材バンクとして、都道府県や市町村で登録されていることが多い。

学校教育では、教師が不可欠である。教師は一定の期間、養成され、教育職員免許状という資格を有する人である。そして、教師は、ひとつの職業として成立するものである。教師として採用されるためには、都道府県または市の選考試験に合格しなければならない。

第３に、生涯学習において、学習内容は多種多様である。生涯学習は、家庭教育、学校教育、社会教育を含んでいる。これは学習の場による分類である。社会教育が企業内教育を含むとすれば、人間の一生にわたる学習が、生涯学習になる。すると、生涯学習の学習内容は、人間が生涯の間に行う学習となる。言い換えれば、どのような内容でも、学習の対象になることができる。

もっと具体的にいえば、生涯学習の学習内容は、「家庭教育、学校教育、社会教育、職場教育、体育・スポーツ・レクリエーション活動、各種行政による教育・文化的事業、民間教育産業や塾による各種教室・講座、市民グループによるサークル活動、けいこ・習いごと、ボランティア活動、文化・芸術活動等、人の生涯において接することのできるすべての学習・教育活動を含むもの」（注３）なのである。

学校教育では、一定の目的を実現するために、教育内容が選択されている。教育内容はバラバラに存在するのではなく、目的と関係するものとして存在している。小学校から大学まで、それぞれの学校段階において、目的を実現するために、教育内容が選択され、配列されている。

第４に、生涯学習では、学習が断片的になり、コマ切れになる恐れがある。たとえば、生涯学習の講座は、短いものでは１時間限りのものである。長くて、十数回の連続講座となる。１年を越すような講座は、まれである。生涯学習の学習は短期間に行われる傾向にあり、講座を手軽に受講できるように配慮されている。

学校教育では、体系的な学習が目指されている。このため、学習は、長期間にわたって行われる。学習期間の長さは、3年から6年にわたっている。学習の計画は、1年を単位とすることが多い。学校教育は長期間にわたって行われ、計画性を持って学習が行われる。

第5に、生涯学習の評価は、未熟なままになっている。生涯学習に参加しても、資格や免許を取得することができない。連続講座に一定の回数を出席すると、修了証をもらえる。しかし、この修了証は一種の参加証明書であり、資格や免許として活用できない。中には、生涯学習の講座を試験を受けて修了すると、大学において、その単位を読み替えるところも出てきている。しかし、この動きはまだ小さく、今後の課題となっている。

学校教育では、修了者に対して、卒業証書や学位が与えられ、社会で認められた資格を取得することができる。大学で一定の単位を取得すれば、学士の学位を与えられる。学校教育は、社会で認められた学歴を生み出している。

2　生涯学習のための学校開放

(1) 大学の公開講座

大学の公開講座は、大学が持っている教養的、専門的知識を地域住民に提供するものである。この公開講座は、大学開放という意味を持っている。大学は、閉ざされた小社会であってはならない。現在では、多くの大学が公開講座を開催している。

次に、歴史を見ると、大学開放は、大学拡張とも呼ばれていた。大学の公開講座を実施することは大学開放をすることであり、大学拡張をすることでもある。大学拡張は、正規の学生ではない社会人を対象とした成人教育である。大学拡張は、現職教育や再教育の場として位置付けられる。大学拡張は、教養や職業的知識を習得するためのものである。

学校教育法第 107 条では、大学に公開講座を設けることが許されている。

「大学においては、公開講座の施設を設けることができる。

② 公開講座に関し必要な事項は、文部科学大臣が、これを定める。」

大学における公開講座は大学開放のひとつであり、大学を地域住民に開放することである。ただ、第2項については、学校教育法施行規則第165条に、「公開講座に関する事項は、別にこれを定める。」とあるだけで、具体的な規定は存在しない。したがって、大学の公開講座については、具体的な規定を作成する必要がある。2012年（平成24年）度文部科学白書によれば、2011年（平成23年）度には、少なくとも973大学で3万6,696講座が開設され、139万9,868人が受講した（注4）。

大学の公開講座を充実するためには、教員組織や事務組織を整えなければならない。そして、大学側に過重の負担とならないように配慮しなければならない。また、地域の住民が、大学の公開講座に参加しやすいように工夫すべきである。公開講座の会場は、交通の便利なところに設定する方がよい。公開講座の受講が有料の場合、学習者の負担にならないように配慮すべきである。

(2) 学校施設の開放

次に、社会教育のために、学校の施設を利用してもよい。学校教育法第137条は、次のように規定している。

「学校教育上支障のない限り、学校には、社会教育に関する施設を附置し、又は学校の施設を社会教育その他公共のために、利用させることができる。」

学校の施設を社会教育のために利用することは、それ自体望ましいことである。しかし、管理上の問題が生ずるので、責任の所在を明確にしておく必要がある。また、学校の施設を利用する時、「学校教育上支障のない限り」という考え方には、疑問が残る。この考え方は、明らかに学校教育中心であり、社会教育を付け足しのようにみなしている。本来、学校教育と社会教育とは、同等の価値を持っているのである。したがって、学校教育と社会教育を統合する考え方を開発すべきである。

現在、学校では、児童・生徒の人数が少なくなってきたので、空き教室が増えている。この空き教室を有効に利用することが重要である。そして、空き教室を社会教育のために利用することも、ひとつの選択肢である。

一方、小学校を建て替える場合、幼稚園や保育所、高齢者のための施設を設置することが進められている。この傾向は、「公立学校施設の複合化」と呼ばれている。社会教育に直接関係する施設として、公民館・集会所、図書館、体育館が設置されている。児童福祉施設では、学童保育施設、保育所、児童観、子育て支援センターがある。老人福祉施設では、デイサービスセンター、特別養護老人ホーム、福祉作業所、社会福祉施設、介護予防センターがある。他に、防災用備蓄倉庫が、設置されている。

社会教育法では、社会教育のひとつとして、学校開放を定めている。社会教育法第 44 条は、次のように規定している。

「学校（国立学校又は公立学校をいう。以下この章において同じ。）の管理機関は、学校教育上支障がないと認める限り、その管理する学校の施設を社会教育のために利用に供するように努めなければならない。

2　前項において『学校の管理機関』とは、国立学校にあっては設置者である国立大学法人（国立大学法人法（平成十五年法律第百十二号）第二条第一項に規定する国立大学法人をいう。）の学長又は独立行政法人国立高等専門学校機構の理事長、公立学校のうち、大学にあっては設置者である地方公共団体の長又は公立大学法人（地方独立行政法人法（平成十五年法律第百十八号）第六十八条第一項に規定する公立大学法人をいう。以下この項及び第四十八条第一項において同じ。）の理事長、高等専門学校にあっては設置者である地方公共団体に設置されている教育委員会又は公立大学法人の理事長、大学及び高等専門学校以外の学校にあっては設置者である地方公共団体に設置されている教育委員会をいう。」

この中の学校は、国立学校と公立学校である。

社会教育として注目されるのは、青年学級と社会教育の講座である。青年学級については、かつて青年学級振興法という法律で、開設や運営を定めていた。青年学級は、勤労青年に対して、「実際生活に必要な職業又は家事に関する知識及び技能を習得させ、並びにその一般的教養を向上させることを目的として」（青年学級振興法第2条）いた。青年学級は市町村が開設し、大学と高等専門学校を除く学校と公民館において開設していた。しかし、この青年学級振興法は、廃止された。

一方、社会教育の講座については、社会教育法第48条が次のように規定している。

「文部科学大臣は国立学校に対し、地方公共団体の長は当該地方公共団体が設置する大学又は当該地方公共団体が設置する公立大学法人が設置する大学若しくは高等専門学校に対し、地方公共団体に設置されている教育員会は当該地方公共団体が設置する大学以外の公立学校に対し、その教育組織及び学校の施設の状況に応じ、文化講座、専門講座、夏期講座、社会学級講座等学校施設の利用による社会教育のための講座の開設を求めることができる。

2　文化講座は、成人の一般的教養に関し、専門講座は、成人の専門的学術知識に関し、夏期講座は、夏季休暇中、成人の一般的教養又は専門的学術知識に関し、それぞれ大学、高等専門学校又は高等学校において開設する。

3　社会学級講座は、成人の一般的教養に関し、小学校又は中学校において開設する。

4　第一項の規定する講座を担当する講師の報酬その他必要な経費は、予算の範囲内において、国又は地方公共団体が負担する。」

学校施設の開放は、着実に進められている。しかし、生涯学習の考え方が普及してきたので、学校施設の開放の仕方を再構築する必要がある。社会教育のために学校施設を開放することが、生涯学習全体の中で、どのように位置付けられるのか。生涯学習の考え方の再構築が求められている。

(3) 大学開放の実例

a．中京大学オープンカレッジ

中京大学オープンカレッジは、1995年（平成7年）4月から開設している。オープンカレッジの理念として、次のことがホームページに記載されている（注5）。

「オープンカレッジは、新しい時代の高等教育に求められている『社会貢献』という役割を果たすため、本学全体で推進するエクステンション事業の重要な柱のひとつと位置付けられています。

年齢、性別、学歴など一切の条件を問わず、一般市民を対象に、本学が提供出来るさまざまな分野の学問を広く社会に開放するために1995 年4 月に開校しました。

以来、何万人もの方々が名古屋・八事のキャンパスを学びの場として利用されています。」

中京大学オープンカレッジが提供する講座の分野は、幅広く設定されている。中京大学が所有する人的資源を活用して、学部・学科の専門分野と関連する講座を開設している。

「講座分野は、文学、心理学、法律、経済、英語を始めとする語学から一般教養まで幅広く網羅していますが、基本的に本学教員の専門分野の講座と語学を二つの柱として構成しています。」

2015 年（平成 27 年）の春期講座では、74 の講座が開設されている。講座の内容は、「注目講座」（「知られざる日本の国境問題」など）をはじめ、「文学」、「心理」、「法律・経済」、「教養・健康」、実習講座として、「ペン習字」、「書道」、「水墨画」などの講座、英語として「英会話レベルー1(初級レベル)」など、第二外国語として、「韓国語」、「中国語」、「フランス語」、「ドイツ語」、「イタリア語」、「ロシア語」、「アラビア語」の講座である（注6）。

これほど大規模の公開講座を提供する大学は、中部地区だけではなく、全国的にも少ないであろう。

中京大学オープンカレッジの講座の受講料は、それぞれの講座によって異なっている。たとえば、「知られざる日本の国境問題」という講座の受講料は、10 回で 17,000 円、定員は 21 人である。また、「『源氏物語』の世界Ⅱ」の受講料は、13 回で 22,400 円、定員は 30 人である。1 回当たりに換算すれば、2,000 円弱となり、講座の受講料としては妥当な額であろう。講座は、月曜日から金曜日までは、90 分の講座を 1 日に 5 講座まで、土曜日は 1 講座を実施している。1 時限目は、10 時 45

分から12時15分まで、5時限目は、18時25分から19時55分までとされている。

それぞれの講座には、講座の内容や授業時間数に応じて、オープンカレッジ独自の単位数が示してある。「90分の講座5回で1単位」を基準として、単位数が設定されている。原則として、各講座回数の3分の2以上の出席で、担当講師より単位が認定される。認定された単位は、記録・保存され、累積される。年度末には、それまでに単位を認定した講座を一覧表にした「履修科目表」が発行される。取得した単位数の合計が62単位を越えた時点で、「中京大学オープンカレッジ修了証」が授与される。

b．愛知淑徳大学のエクステンションセンター

愛知淑徳大学では、1993年（平成5年）4月にエクステンションセンター（Extension Center）を設置した。このセンターは、「社会人対象の講座」を実施する機関として位置付けられている。公開講座は、「各専門分野の講師陣が、丁寧に分かりやすく講義をおこなう社会人対象の講座」である。大学のホームページによれば、エクステンションセンターは、次のように説明されている。

「エクステンションセンターは、より多くの社会人の方に大学で学ぶことの楽しさを知っていただくため、大学開放のプログラムとして『公開講座』と『開放講座』を開講しています。」(注7)

大学開放を推進するため、愛知淑徳大学は、2 つの柱を立てている。ひとつの柱は、開放講座と位置づけられ、学生対象の既存の大学カリキュラムをそのまま社会人に対して開放するものである。大学のホームページによれば、開放講座は、「正規の教育課程中の特定科目を学生と共に学ぶ、開かれた講座」であり、聴講生として受講できる講座である。もうひとつの柱は、公開講座と位置づけられ、「社会人独自のカリキュラムで知識を広げる」ためのものである。

2015年（平成27年）春期公開講座では、星が丘キャンパスで14講座、長久手キャンパスで11講座の公開講座が開催される。講座の授業回数は、1回から5～6回であり、受講料は3,000円から13,000円であ

る。定員は、15～50人である。2015年前期の開放講座については、星が丘キャンパスで5講座、長久手キャンパスで6講座が開設されている。定員は5人で、受講料は20,000円である。

c．公開講座の課題

大学の公開講座については、次の問題点を指摘することができる。第1に、単発的な講座ではなく、連続講座を受講しようとすれば、時間に余裕のある人だけが受講することになる。中京大学のオープンカレッジでは、昼間だけではなく、夜間に開講する講座もある。しかし、定職を持った人が昼間の講座を受講することはむずかしいであろう。週休2日制が普及した現在では、土曜日や日曜日に講座を開講する方が、能率的である。

第2に、10回から15回の連続講座の回数が適切であるかどうかについては、疑問が残る。連続講座の回数は、明らかに大学の授業の回数を手本にしている。大学の授業では、卒業するために単位が必要なので、多くの学生が授業に出席している。連続講座では、受講生の学習意欲が頼りである。学習意欲を長期間の間持続させることは、容易なことではない。そこで、連続講座の回数を4回から6回にして、最後まで受講できるようにする方がよい。

第3に、単発の講座では、費用がそれほど必要ではないけれども、連続講座になると、かなりの額の費用が必要となる。連続講座を受講すると、ひとつの講座で約20,000円の費用が必要である。講座をいくつも受講すると、まとまったお金が必要となる。さらに、講座を受講するためには、交通費も必要になる。講座を開催するには、一定の費用がかかる。担当講師の謝礼、教室の費用、電気代、冷暖房にも、費用がかかる。しかし、受講生の側からみれば、講座を受講したいのに、費用が障害になる場合がある。今後、講座の受講生に対して、定額制を導入することも、検討すべきである。

3　社会人のための学校

(1) 大　学

社会人を対象とする大学教育が、多様化している。正規の課程に入学し、卒業資格を得ようとすれば、社会人を対象とした特別選抜制度を利用するのが近道である。2013年（平成25年）度、社会人入試を実施した大学数は、全大学の73.8%の546校にのぼっている（注8)。社会人特別選抜は、社会人を対象に、小論文や面接などを中心に行う入学者選抜である。2・3年次に入学するには、大学中退者や短期大学の卒業生を対象とする一般編入学と、社会人だけを対象とする社会人編入学とがある。そして、大学通信教育や放送大学を利用することもできる。あるいは、卒業資格を必要としない場合は、科目等履修生の制度を利用したり、大学主催の公開講座を利用したりすればよい。この場合は、特定の科目だけを履修することになる。さらに、短期大学, 高等専門学校の卒業者や専修学校専門課程の修了者が、科目等履修生として一定の単位を修得し、独立行政法人　大学評価・学位授与機構に申請して、大学評価・学位授与機構単位を認定すると、「学士」の学位を取得することができる。大学評価・学位授与機構のホームページには、科目等履修生制度の開設大学一覧が掲載されている（注9)。

社会人入試における出願資格は、だいたい共通している。第1に、大学入学資格を出願資格にしている。大学入学資格は、日本の高等学校を卒業すること、又は高等学校卒業程度認定試験（旧大学入学資格検定）に合格すること、又は日本の高等学校までに相当する学校教育を受けていること、である。たとえば、名古屋経済大学の2014年（平成26年）度入試の出願資格は、次のようになっている。

「出願時において、社会で実務経験（職歴）が1年以上ある方で、以下のいずれかの要件を満たしている方

1. 高等学校もしくは中等教育学校を卒業した方
2. 通常の課程による12年の学校教育を修了した方

※社会での実務経験（職歴）とは、パートタイマー、派遣社員、契約社員の方も含みます。」

第2に、年齢制限を設定しているところが多い。たとえば、高等学校

を卒業後、5年以上経過していることが条件となる。年齢で言えば、23歳以上が最も多い。包括的に言えば、出願資格は、高等学校を卒業後、4、5年を経過し、22、23歳以上の者ということになる。この年齢制限は、定職に就かない浪人生と区別するためであろう。

第3に、社会人の意味を厳密にとらえ、一定の年数の労働経験を必要条件にしたり、現在も在職していることを必要条件にしたりするところもある。在職経験を出願資格にしている大学は、全体から見ても、それほど多くはない。社会人を勤労者に限ることは、大学を職業教育の場とみなすことである。ただ、この条件は、中途退職者、専業主婦などが満たすことのできないものである。この条件は、受験生を狭く限定することにつながる。

(2) 大学院

2014年（平成26年）、全大学781校の中で、大学院を置く大学は、623校であり、約80%を占める。国立大学が86校、公立大学が77校、私立大学が460校である。修士課程を置く大学は587校、博士課程を置く大学は435校、専門職学位課程を置く大学は126校である。国立大学が86校、公立大学が74校、私立大学が431校である（注10)。

2010年（平成22年）3月12日の付けの中央教育審議会大学分科会大学規模・大学経営部会の「大学における社会人の受入れの促進について（論点整理）」によれば、大学院への社会人入学者数は、近年は増加傾向にあり、2008年（平成20年）度は18,799人である。そのうち1,200人程度が通信制への入学者である。全入学者に対する社会人入学者の占める割合は、近年、17〜18%である（2008年（平成20年）度には、修士課程が12%、博士課程が34%、専門職学位課程が41%）（注11)。

大学院が社会人特別選抜を実施する理由を考えてみよう。第1に、社会人の再教育の場として、大学院が位置付けられている。大学院の存在理由は、高度の専門的知識や能力を持つ人材を養成することである。しかし、従来の大学院は、質量ともに充実しているとは言えなかった。量的な側面を見てみると、大学院の量的拡大は、徐々に進んでいるけれども、外国と比較すると、日本の大学院の量的拡大はまだ不十分である。

「大学指標の国際比較平成 24 年版」によれば、人口千人当たりの在学者数は、2008 年（平成 19 年）度、日本が 2.06 人に対して、アメリカが 4.90 人（パートタイム在学者を含むと、8.99 人）、イギリスが 4.38 人（8.84 人）、フランスが 8.11 人、ロシアが 1.04 人、中国が 0.97 人、韓国が 6.20 人である（注 12）。外国に比べると、日本の大学院は、まだまだ量的な拡大が必要である。量的拡大を進めるについては、大学院修了者の就職も考えなければならない。

第 2 に、社会で必要とされる知識や技術が高度になり、従来の学校教育では対応できなくなってきた。社会人は、高校や大学の教育を受けているはずである。社会の変化、経済の進展、科学技術の進歩に伴って、学校教育の内容も改善されている。もともと、科学の分野のレベルアップのことは、「教育内容の現代化」と呼ばれていた。最近では、科学の分野だけではなく、他の分野でも、「教育内容の現代化」が叫ばれている。社会人は、自分の受けた学校教育において、当時としては最先端の内容を学習していた。しかし、その後、何年かを経ると、学習内容が陳腐化し、時代遅れになってしまう。そこで、時代の変化についていくために、再教育の必要が生まれてくる。

第 3 に、社会人が大学院に入学しやすいような制度的配慮が行われている。リカレント教育は、職業上必要な知識・技術をフルタイムの就学とフルタイムの就職を繰り返すことを意味している（注 13）。しかし、わが国の現状では、仕事を一時中断したり、休職したりして、フルタイムの就学をすることは、困難である。一部の企業では、外国の大学院に留学する制度を導入している。大部分の企業では、仕事を中断することは、事実上できない。

そこで、仕事を持った社会人が入学できるような大学院の制度が考え出された。第 1 に、仕事を中断しなくてもよい大学院が設置されるようになった。社会人は、仕事を継続しながら、昼夜開講制の大学院や夜間大学院に通学するのである。さらに、社会人が通学しやすいように、交通の便利な場所に設置されている大学院もある。

第 2 に、社会人特別選抜では、入学試験も、社会人に配慮している。試験科目は、外国語、論文を含めた専門的知識、面接・口述試験である。

この中の外国語を省略する大学院が、かなり多い。また、面接・口述試験だけを行う大学院も目立っている。社会人特別選抜は、一般入試と異なり、社会人にとって有利に考えられている。言い換えれば、社会人が入学しやすいように配慮されている。大学院の中には、企業と提携を結んで、入学生を確保しようとする動きも見られる。

第3に、大学院の教育内容が、社会人の役に立つような、実務中心に編成されている。大学院に入学する社会人は、明らかに研究者を目指していない。むしろ、自分の職業に関連することを学習したいのである。この社会人の要望に応えるために、カリキュラムは、現実的に、実際的に、すぐに役立つように、編成されている。

2004年（平成16年）4月から開設された法科大学院（ロースクール）にも、社会人が入学できる。2004年（平成16年）から翌年にかけて、68校と6校の計74校が開設される。定員は、5,825 人である。法科大学院に入学するためには、4年制大学を卒業、または卒業見込みであることが必要である。入学希望者は、大学入試センターまたは日弁連法務研究財団が実施する適性試験を受けた上で、各大学の入学試験を受ける。標準修業年数は、3年であるけれども、各大学院が法学既修者として法律の基本を学習済みと判断した時に、2年で卒業できる。法学既修者かどうかは、試験によって判定される。法科大学院修了者は、2006年（平成18年）から始まる新司法試験を受験する。旧司法試験は、2010年（平成22年）まで存続された。新司法試験の受験の機会は、法科大学院修了後5年以内に3回までに制限される。2011年（平成23年）からは、予備試験が実施され、法科大学院を経由しなくても、新司法試験を受験できるようになった。2013年（平成25年）度の最終合格率は26.8%、2014年は22.68%である（注14）。

法科大学院に対しては、修了者の新司法試験の合格率が低いこと、授業料が高いこと、認証機関による第三者評価に耐えられかということ、教員が高齢化していること、などの批判がある。入学者が確保できないため、募集停止にする法科大学院が目立っている。

4　放送大学

放送大学は、放送大学学園法に基づき、1985年（昭和60年）4月から学生を受け入れるようになった。2002年（平成14年）に放送大学学園法が改正され、放送大学学園は、「大学を設置し、当該大学において、放送による授業を行うとともに、全国各地の学習者の身近な場所において面接による授業等を行うことを目的とする学校法人（私立学校法（昭和二十四年法律第二百七十号）第三条に規定する学校法人をいう。）」（放送大学学園法第3条）になった。放送大学の目的は、「大学教育の機会に対する広範な国民の要請にこたえるとともに、大学教育のための放送の普及発達を図ること」（放送大学学園法第1条）である。放送大学のホームページには、「放送大学は、正規の通信制大学（文部科学省・総務省所管）です。学士・修士の学位取得やキャリアアップ・自己実現など、生涯学習を目指す方を応援します。」と書かれている。ホームページには、放送大学の目的として、次のことが述べられている。

1. 生涯学習機関として、広く社会人に大学教育の機会を提供すること。
2. 新しい高等教育システムとして、今後の高等学校卒業者に対し、柔軟かつ流動的な大学進学の機会を保障すること。
3. 広く大学関係者の協力を結集する教育機関として、既存の大学との連携協力を深め 、最新の研究成果と教育技術を活用した新時代の大学教育を行うとともに、他大学との交流を深め単位互換の推進、教員交流の促進、放送教材活用の普及等により、わが国大学教育の改善に資すること（注15）。

放送大学は、新しいタイプの大学として位置付けられる。放送大学は、従来の大学像を打破するものである。なぜなら、放送大学は、従来の大学とは異なった特徴を持っているからである。第1に、入学試験を実施しない。第2に、テレビやラジオ、ビデオによる放送授業を行う。第3に、卒業を目的としないで、大学の授業の一部だけを履修できるようにした。これらの特徴は、大学改革の視点としても有効である。

放送大学の開設科目は、放送授業が約300科目である（注16）。放送授業1科目は半年間で全15回（1回45分)、面接授業1科目は8回

（1回1時間25分）の授業がある。授業料は、放送授業1科目（2単位）11,000円、面接授業が1科目（1単位） 5,500円である。

学生の種類は、学ぶ目的に合わせて、全科履修生、選科履修生、科目履修生、集中科目履修生がある。在籍期間は、それぞれ4年以上、1年間、半年間、7月から9月の3か月間である。入学料は、全科履修生、選科履修生、科目履修生場合、それぞれ24,000円、9,000円、7,000円である。

大学卒業を目指す全科履修生は、満18歳以上で、大学入学資格を証明する書類（高等学校卒業、高等学校卒業程度認定試験合格など）が必要となる。大学入学資格がない場合でも、選科履修生又は科目履修生として、一定の条件を満たせばよいことになっている。最大10年まで在籍できる。出願したら、書類による選考があり、学力試験を実施しない。

選科履修生と科目履修生は、好きな科目だけを履修する学生である。在学期間は、選科履修生が1年間（2学期間）、科目履修生は半年間（1学期間）である。集中科目履修生は、「司書教諭資格取得に資する科目」と「看護師資格取得に資する科目」を履修する学生である。

大学の教養学部には、6つのコース（専門分野）が用意されている。それらは、生活と福祉コース、心理と教育コース、社会と産業コース、人間と文化コース、情報コース、自然と環境コースである。科目区分による修得単位数は、基礎科目及び共通科目から30単位以上、専門科目及び総合科目から60単位以上とされている。具体的には、既存目及び共通科目からそれぞれ8単位以上を修得し、そのうち外国語科目を6単位以上修得する。専門科目は、所属するコースの専門科目から30単位以上修得する。卒業研究の6単位は、コースの専門科目として認定する。総合科目は、4単位以上を修得する。

授業区分による修得単位数は、放送授業から94単位以上、面接授業から20単位以上とされている。卒業研究は、放送授業3単位、面接授業3単位として認定する。

放送大学で目指せる資格は学位の他に、教員に関する資格、看護師に関する資格、心理に関する資格、その他に区分できる。学位は、学士（教養）・修士（学術）、博士（学術）である。教員に関する資格は、教員免許状・(学校図書館) 司書教諭、看護師に関する資格は、看護師国家試験受験資格・学士 (看護)、心理学に関する資格は、認定心理士・臨床心理士、その他の資格は、学芸員・社会福祉主事・社会教育主事・介護教員講習会・その他である。また、幼稚園教諭免許状の取得を希望する保育士のために必要な科目も、開設している。

募集人員は、全科履修生が15,000人、選科履修生及び科目履修生が40,00人である。

2001年 (平成13年) には、放送大学大学院が設置された。放送大学大学院文化科学研究科文化学専攻修士課程 (修士全科生) の人材養成目的は、次のように述べられている。

「『開かれた大学院』として，年齢，性別，職業，居住地域に関係なく，学生が家庭や職場を離れることなく，自らの計画に沿って，広い教養と高度な専門的学識や技能を学び，学位を取得できる場とすることを目指します。深く広い教養に裏付けられた専門知識に基づく確かな総合的判断能力を持ち，習得した知識と見識を社会に還元し，貢献できる人材を育成します。」(注17)

放送大学大学院は、1研究科 (文化科学研究科)、1専攻 (文化科学専攻) の下に、7つのプログラムを設定している。それらは、生活健康科学プログラム、人間発達科学プログラム、臨床心理学プログラム、社会経営科学プログラム、人文学プログラム、情報学プログラム、自然環境科学プログラムである (注18)。

学生の種類は、修士全科生、修士選科生、修士科目生である。修士全科生は、修士課程を修了して、修士 (学術) の学位取得を目指す学生である。修了するためには、2年以上在学 (在学年限は5年) し、研究指導8単位及び所属プログラムの放送授業科目8単位を含め、30単位以上を修得し、修士論文の審査及び口頭試問に合格することが必要である。臨床心理学プログラムについては、必修科目と必修選択科目があり、34単位以上を修得する必要がある。

修士選科及び修士科目生は、自分の学習・研究したい科目を選択して、1科目から履修する学生である。満18歳以上が入学の条件であり、学力試験は行わない。入学者の選考は、第1次選考の筆記試験と第2次選考の面接試問がある。入学時期は、4 月と 10 月であり、在学期間は、修士選科生が 1 年間、修士科目生が半年間である。単位の認定は、通信指導及び単位認定試験による。修得した単位は、修士全科生として入学した場合、修了要件の単位として認定される。

放送大学大学院の授業料は、半年間で 1 単位当たり 11,000 円である。修士全科生の入学検定料は、30,000 円であり、研究指導料は、88,000 円である。入学料は、修士全科生が 48,000 円、修士選科生が 18,000 円、修士科目生が 14,000 円である。臨床心理学プログラムについては、臨床心理実習費として、20,000 円を徴収する。

募集人員は、修士全科生が 500 人、修士選科生及び修士科目生が 11,000 人である。さらに、2014 年（平成 26 年）10 月からは、大学院博士後期課程の学生を受け入れている。

放送大学大学院は、次の特徴を持っている。第 1 に、大学院に通学しないで、自宅学習で高等教育を受けられる。第 2 に、社会人が仕事を中断しないで、高度な教育を受けられる。第 3 に、入学試験としての学力試験を実施しないので、大学院の門が広く社会人に開かれている。

注

(1)「公立小中学校における余裕教室の活用状況について（平成 25 年 5 月 1 日現在）」、http://www.mext.go.jp/a_menu/shotou/zyosei/yoyuu.htm

(2) 熱海則夫、水越敏行（編）、『生涯学習と学校』（ぎょうせい、1997 年）23 ページ参照。

(3) 朝倉征夫（監修）、佐々木貢（編）、『わたしたちの生涯学習研究』（学芸図書、1994 年）10 ページ。

(4) 文部科学省、『平成 24 年度　文部科学白書』（日経印刷、2012 年）104 ページ。

(5) http://www.chukyo-u.ac.jp/extension/course/

(6)http://www.chukyo-u.ac.jp/digibook/course/spring2015/pageview.html?page_num=#page_num=18

(7) http://www.aasa.ac.jp/lab/ ution/extension.html

(8) http://www.mext.go.jp/b_menu/houdou/25/10/1340441.htm
(9) http://www.niad.ac.jp/n_shuppan/kamokutou/
(10)http://www.e-stat.go.jp/SG1/estat/GL08020103.do?_toGL08020103_&tclassID=000001055994&cycleCode=0&requestSender=dsearch
(11) http://www.mext.go.jp/b_menu/shingi/chukyo/chukyo4/houkoku/1293381.htm
(12)http://www.mext.go.jp/b_menu/toukei/data/kokusai/__icsFiles/afieldfile/2013/02/05/1318687_3_1.pdf
(13) 文部省（編）、『平成７年度　我が国の文教施策』（大蔵省印刷局、1996年）　173ページ。
(14) http://2chreport.net/hen13_9.htm
http://2chreport.net/hen_13.htm
(15) http://www.ouj.ac.jp/hp/gaiyo/purpose.html
(16) 以下の記述は、下記の学生募集要項を参照した。
「平成26(2014) 年度第１学期　教養学部案内　放送大学」
(17) http://www.ouj.ac.jp/hp/gakuin/ukeirehousin.html
(18) 以下の記述は、下記の学生募集要項を参照した。
「放送大学大学院　文化科学研究科文化学専攻　平成26(2014) 年度第１学期」

第3章　図　書　館

図書館、博物館、公民館は、社会教育施設である。従来、学校外教育は、社会教育と呼ばれ、社会教育施設で行われていた。しかし、生涯学習の考え方が普及すると、社会教育施設は生涯学習施設に統合された。図書館の存在はよく知られているけれども、図書館が社会教育施設であることはあまり知られていない。小学生の時には、図書館をしばしば利用していた。年長になるにしたがって、利用しなくなる。図書館は身近な施設であるけれども、その実態はあまり知られていない。

学校に行けば、図書室や図書館が設置されている。しかし、学校図書館の利用については、十分とは言えない。授業の中で、どのくらいの割合で図書館を利用しているのか。利用してこそ、図書館の存在意義がある。

本章では、生涯学習の観点から図書館の役割を検討する。第1に、社会教育施設から生涯学習施設への移行をたどる。そして、生涯学習施設の意味を探究する。第2に、図書館の位置付けを確認する。図書館は社会教育施設であり、生涯学習施設でもある。図書館の果たす役割を述べる。第3に、図書館の目的と業務を明らかにする。第4に、図書館を分類し、種類別に検討する。第5に、図書館の現状を概観する。第6に、図書館の職員である司書と司書補の資格を明らかにする。第7に、図書館が直面する課題を指摘する。

1　生涯学習施設の台頭

(1) 社会教育施設

社会教育施設は、社会教育を行う施設を指している。特に、図書館、博物館、公民館は、社会教育施設として中心的な役割を果たしている。この社会教育施設は、学校教育、家庭教育、社会教育という分類を前提にして成立している。家庭教育と社会教育は、学校外教育と呼ぶことができる。社会教育は、学校教育と対置され、学校教育を補完するという意味を持っている。

社会教育施設は、地域の住民に対して、学習活動の場を提供する施設である。この社会教育施設は国や地方公共団体が設置しているものが多く、公共的な性格を持っている。また、社会教育関連施設は、「それぞれ固有の目的を達成するために設置されているもの」(注1) である。社会教育関連施設の例として、「市民会館・文化会館などと呼ばれる施設や、児童館、保健所、老人福祉センター、勤労青少年ホーム、働く婦人の家、コミュニティ・センターなど」(注2) を挙げることができる。

(2) 生涯学習施設

生涯学習施設は、社会教育施設を取り込む形で成立している。この生涯学習施設は、生涯学習の観点を前提にして成立している。生涯学習の観点とは、学習を一生涯にわたって行えるように、教育の機会を提供することである。教育の機会を提供する時に、自宅において学習を進める場合、施設の重要度は低い。図書館で本を借りて自宅で読むなら、図書館を充実することが必要になるだけである。

他方、自宅以外の場所で、学習に参加する時、施設が必要となる。講演を聴きたい人は、講演会の会場まで足を運ぶことになる。この講演会の会場が、生涯学習施設である。あるいは、料理の講習を公民館で開催する時、公民館が生涯学習施設となる。学校も例外ではない。近くの小学校の運動場を借りて、地域の運動会を開催する時、小学校も生涯学習施設となる。このように、生涯学習が実施される施設は、生涯学習施設と呼ぶことができる。

生涯学習施設は、生涯学習の推進を目的にしている施設である。狭い意味では、公民館などのように、生涯学習の機会を提供する施設のことである。学校については、学校教育を生涯学習のひとつの段階として位置付ければ、生涯学習施設になる。また、学校が、社会人を対象とする講座を提供する時、生涯学習施設として位置付けられる。

広い意味では、生涯学習施設は、本屋、デパートなどのように、地域に存在する施設を含むことになる。カラオケボックスも生涯学習施設のひとつとなる。広い意味の生涯学習施設は生涯学習関連施設と呼ぶ方が適切かもしれない。生涯学習関連施設は、地域の住民の学習を目的として設置されてはいないけれども、結果として学習に役立つ施設である。
狭い意味の生涯学習施設には、公民館、図書館、博物館、青年の家、少年自然の家、女性教育会館、視聴覚センター、生涯学習推進センターなどが含まれる。生涯学習推進センターを除いた施設は、従来、社会教育施設と呼ばれていた。この社会教育施設が、生涯学習の観点から見直され、生涯学習施設として再構築されたのである。
生涯学習施設の中の公民館は、数が多く、普及している施設である。地域の住民の身近な施設でありながら、公民館の役割はあまり注目されていない。教育改革の中心は学校教育であり、学校外教育は軽視されてきた。生涯学習の考え方が普及するにつれて、学校外教育にも、目が向けられるようになってきた。そこで、以下において、生涯学習施設のひとつとして、図書館を取り上げ、その位置付けを探究してみよう。

2　図書館の位置付け

(1) 社会教育施設としての図書館

教育基本法第7条によって、図書館は、博物館や公民館と同様に、社会教育施設として位置付けられている。1992年（平成4年）5月21日付の生涯学習審議会社会教育分科審議会施設部会図書館専門委員会報告「公立図書館の設置および運営に関する基準」によれば、図書館は、生涯学習を支援するための社会教育施設である。「同基準」は、図書館を次のように規定している。

「図書館は、生涯学習の振興を図る上で、住民の身近にあって、人々の学習を支援する極めて重要な社会教育施設である。」

この規定は、図書館の位置付けが変化したことを示している。従来は、図書館が社会教育施設として位置付けられていた。図書館は、社会教育を推進する施設として位置付けられていたのである。これに対して、1990年代になってから、図書館は、生涯学習施設のひとつとして位置付けられるようになった。生涯学習の考え方が広まり、図書館も生涯学習を推進する役割を担うようになった。

⑵ 図書館の役割

図書館は、生涯学習施設としての役割を果たす施設である。では、もう少し具体的に、図書館の果たす役割を考えてみよう。北嶋武彦氏は、図書館の果たすべき役割を4点述べている。

① 資料提供の場として

② 情報サービスの場として

③ いこいとコミュニケーションの場として

④ 情報の発信基地として（注3）

北嶋氏の主張を手掛かりにして、図書館の果たす役割を考えてみる。

第1に、図書館は、図書館資料を収集し、保管している。この図書館資料は、書籍、雑誌、その他が含まれる。市民が図書館を利用する最大の理由は、図書館資料を利用するためである。読みたい本があり、すぐ手に入れたい場合、図書館に行くのが手っ取り早い。本をたくさん読む人は、自分で購入すれば、費用がたくさん必要である。本代を節約するためには、図書館を利用するのが賢いやり方である。あるいは、手に入らない本を探すために、図書館を利用する。絶版になった本は、古本屋をまわるか、図書館に行くしか手に入れる方法がない。図書館は、図書館資料を提供しているのである。

生涯学習の観点から言い換えると、図書館は、学習するために必要な情報を提供している。書籍などの図書館資料も、広い意味の情報に含むことができる。公民館にも図書室があり、貸し出しを行っているところがある。これに比べて、図書館は蔵書数が多く、市民の学習要求に対応しようとしている。

第2に、図書館の情報サービスについては、従来からレファランス・サービスとして存在している。このレファランス・サービスは、図書館を利用する人が情報を得ようとする時に、援助することを指している。たとえば、ダイオキシンについて調べたいと申し出れば、ダイオキシンに関する書籍や論文を紹介してくれるのである。

最近では、パソコンやインターネットを通じて、書籍や論文の検索ができるようになった。図書館の電子化が進み、蔵書の中から必要な書籍を即座に検索できるようになった。また、インターネットを利用すれば、必要な書籍がどこの図書館にあるのかを調べることができる。

第3に、図書館はいこいとコミュニケーションの場として利用される。図書館には、書籍のほかに、雑誌、ビデオが置いてある。利用者の一部は、書籍を借り出すのではなく、新聞や雑誌を読むために来館する。あるいは、ビデオを視聴するために、図書館を利用する者もいる。いわば、息抜きや楽しみのために、図書館を利用するのである。

また、図書館という場を利用して、集会活動や行事を開催することもある。関心を共有する市民が、図書館で集会を催すのである。

第4に、図書館は、情報の発信基地として利用される。図書館は、年次報告書などの出版物を作成している。そして、図書館で行われる集会活動や行事を載せた小冊子を作成している。

3 図書館の目的と業務

(1) 図書館の目的

図書館の目的は、図書館法第1条に規定されている。

「この法律は、社会教育法（昭和二十四年法律第二百七号）の精神に基き、図書館の設置及び運営に関して必要な事項を定め、その健全な発達を図り、もって国民の教育と文化の発展に寄与することを目的とする。」

しかし、この規定は、2つの点で不十分である。

第1に、図書館法の規定は、学校外教育を対象としており、小学校から高等学校までの学校図書館、大学図書館を含んでいない。学校図書館については、学校図書館法が制定されており、一般の図書館とは別に取り扱われている。図書館法の規定に従えば、図書館は「社会教育法の精神に基」づくので、社会教育を推進するための施設である。社会教育法第2条によると、社会教育は、「学校教育の教育課程を除き、主として青少年及び成人に対して行われる組織的な教育活動 （体育及びレクリエーションの活動を含む。）」である。言い換えれば、社会教育は、学校教育以外の教育活動を指している。学校教育と対比すれば、社会教育は、学校外教育のことを意味している。以上のことから、「社会教育法の精神に基」づく図書館は、学校外教育を推進する施設となる。

しかし、学校図書館も、広義の意味の図書館に含まれる。学校図書館は学校に設置されている図書館であり、学校図書館法、学校図書館法施行令、学校図書館法施行規則、学校図書館司書教諭講習規程の法律が整備されている。学校図書館は、小学校、中学校、高等学校、中等教育学校、特別支援学校に設置されている図書館である。また、大学に設置されている大学図書館は、学校図書館と区別して取り扱われることが多い。大学図書館は、学校図書館法の規定の対象外である。

学校図書館や大学図書館については、利用者の大半はその学校の児童・生徒、学生である。大学図書館は、勤務している教員や他校の教員もかなりの程度利用している。利用者が児童・生徒、学生であることは、図書館が学校教育の一部として利用されていることを示している。大学においても、教員が授業の一環として、大学図書館をしばしば利用している。学校図書館や大学図書館は、学校教育を推進する施設である。

では、学校図書館や大学図書館と、社会教育のための図書館との違い、あるいは連携はどのようになるのであろうか。図書館法第３条４項は、「他の図書館、国立国会図書館、地方公共団体の議会に附置する図書室及び学校に附属すると図書館又は図書室と緊密に連絡し、図書館資料の貸借を行うこと」と述べており、図書館との連携を打ち出している。他方、図書館法第３条９項で、「学校、博物館、公民館、研究所等と緊密に連絡し、協力すること」を述べている。形式的には、図書館と学校図書館とが連携するように規定されている。しかし、法律として、図書館法は、学校図書館、大学図書館を対象にしないで、公立図書館と私立図書館を対象にしている。

第２に、「国民の教育と文化の発展に寄与する」ことは、図書館をどのように位置付けることであろうか。この点が不鮮明である。たとえば、図書館を教育施設と位置付けるのか、あるいは生涯学習施設と位置付けるのか。両者の考えを比較すると、図書館の位置付けがかなり異なってくる。　図書館を教育施設として位置付ければ、図書館の中心的役割は、教育に役立つような情報サービスを提供することになる。情報サービスは、書籍、教育的観点から見て望ましい雑誌、教育的効果をもたらすビデオ、教育上好ましいＣＤに限られる。スポーツ雑誌、娯楽用の映画ビデオ、流行歌のＣＤは、図書館に備えていけなくなる。そして、図書館を生涯学習施設として位置付ければ、図書館の役割は異なったものになる。情報サービスはもっと広い領域にわたり、娯楽用の雑誌やビデオも、重要な位置を占めるようになる。図書館という場を利用して、集会活動が活発になる。いこいや楽しみのために図書館を利用する人が増えてくる。

図書館は、図書を備えておく施設である。この役割が消えることはない。しかし、生涯学習の観点から、図書館の役割を再構築する時期が来ている。

(2) 公共図書館の利用目的

公共図書館は、地方公共団体が設置する図書館であり、公立図書館と同じものである。公共図書館については、利用目的を見ると、その役割を理解することができる。公共図書館の最大の利用目的は、本を借りるためである。もともと図書館は、「図書」を備えておくところである。読みたい本を図書館で借りて読むことは、ありふれたことなのである。図書館は、「図書」のほかに新聞、雑誌を備えている。雑誌については、バックナンバーを備えているので、買いそびれても読むことができる。新聞については、複数の新聞社の新聞があり、気軽に読むことができる。たいていの図書館には、縮刷版が入っており、過去の記事を探すのに都合がよい。

次に、公共図書館は、児童・生徒、学生も利用している。児童・生徒や学生は、夏休みや冬休みの課題を仕上げるため、そしてレポートを完成されるために、公共図書館を利用する。この利用目的については、公共図書館よりむしろ学校図書館や大学図書館を利用する方が便利であるけれども、公共図書館を利用する児童・生徒や学生は多い。また、大学を受験する者が、公共図書館を利用することもある。この場合、図書館の蔵書、雑誌、新聞などを読むことよりも、閲覧室という場所を利用している。

日本図書館協会政策特別委員会が作成した「公立図書館の任務と目標」（1989 年（昭和 64 年）1 月確定公表、2004 年（平成 16 年）3 月改訂）の３は、図書館の利用について、次のように規定している。
1. 日常生活または仕事のために必要な情報・知識を得る。
2. 関心のある分野について学習する。
3. 政治的、社会的な問題などに対するさまざまな思想・見解に接し、自分の考えを決める糧にする。
4. 自らの住む地域における行政・教育・文化・産業などの課題解決に役立つ資料に接し、情報を得る。
5. 各自の趣味を伸ばし、生活にくつろぎとうるおいをもたらす。
6. 子どもたちは、読書習慣を培い、本を読む楽しさを知り、想像力を豊かにする。
7. 講演会・読書会・鑑賞会・展示会などに参加し、文化的な生活を楽しむ。
8. 人との出会い、語りあい、交流が行われ、地域文化の創造に参画する（注4）。

このように、公共図書館の利用目的は多様である。公共図書館の利用目的は本を借りるだけではなく、映画を見たり、レコードを視聴したりことも含まれている。さらに、公共図書館は、交流する場として活用されている。

(3) 図書館の業務

図書館は、文字通り「図書」を収集し、利用者に提供する施設である。しかし、図書館は、「図書」だけを収集しているわけではない。図書館は、映画フィルムやビデオなども収集しているのである。図書館で映画の鑑賞会を開催することもある。では、図書館の業務として、何が含まれるのだろうか。図書館法第３条は、図書館奉仕について規定している。この図書館奉仕が、図書館の業務である。

> 「図書館は、図書館奉仕のため、土地の事情及び一般公衆の希望に沿い、更に学校教育を援助し、及び家庭教育の向上に資することとなるように留意し、おおむね次に掲げる事項の実施に努めなければならない。
> 一　郷土資料、地方行政資料、美術品、レコード及びフイルムの収集

にも十分留意して、図書、記録、視聴覚教育の資料その他必要な資料（電磁的記録（電子的方式、磁気的方式その他人の知覚によっては認識することのできない方式で作られた記録をいう。）を含む。以下『図書館資料』という。）を収集し、一般公衆の利用に供すること。

二　図書館資料の分類排列を適切にし、及びその目録を整備すること。

三　図書館の職員が図書館資料について十分な資料を持ち、その利用のための相談に応ずるようにすること。

四　他の図書館、国立国会図書館、地方公共団体の議会に附置する図書室及び学校に附　属する図書館又は図書室と緊密に連絡し、協力し、図書館資料の相互貸借を行うこと。

五　分館、閲覧所、配本所等を設置し、及び自動車文庫、貸出文庫の巡回を行うこと。

六　読書会、研究会、鑑賞会、映写会、資料展示会等を主催し、及びこれらの開催を奨励すること。

七　時事に関する情報及び参考資料を紹介し、及び提供すること。

八　社会教育における学習の機会を利用して行った学習の成果を活用して行う教育活動その他の活動を提供し、及びその提供を奨励すること。

九　学校、博物館、公民館、研究所等と緊密に連絡し、協力すること。」

この規定から、図書館の業務の特徴を理解することができる。第１に、図書館が収集する図書館資料は、図書だけではなく、映像記録や音声記録、美術品まで含んでいる。もちろん、図書は、図書館資料の中核である。しかし、この図書さえ、収蔵スペースを節約するため、マイクロフィルムにして保存する場合も出てきた。また、パンフレットなどの小冊子も、収集する必要が生じてきた。科学技術の発達によって、保存方法が変わってきた。社会の進展にしたがって、保存すべき資料も変わってきた。図書館は、図書館資料の収集方針を定め、選択の基準を明確にする義務を負っている。図書館が取り扱う図書館資料は、①図書、②逐次刊行物、③パンフレット・リーフレット、クリッピング、④地図、設計図、⑤文書、記録、⑥絵画的資料（絵はがき、原画、ポスター、版画、複製画など）、⑦マイクロ写真、⑧映画、スライド、フィルムストリップなどの視覚資料、⑨レコード、カセットテープ、フォノシートなどの聴覚資料、⑩その他標本、模型、ティーチング・マシーン、点字本、ビデオテープ、コンピュータ・プリントアウトなど、である（注5）。

第2に、図書館の職員は、図書館資料について、利用者の相談に応じ、必要な情報を提供する。利用者に情報提供を円滑に行うにためには、コンピュータの導入が不可欠である。コンピュータを所有している図書館は、3,274館の中の3,166館（96.7%）である。インターネットに接続されている図書館は、2,087館（63.7%）である（注6）。図書館の職員は、情報提供をするため、コンピュータを操作できるようにしなければならない。

第3に、図書館は、他の図書館とネットワークを構築し、相互に協力し、図書館資料の貸借を行う。他の図書館とのオンライン化を進めれば、図書館のネットワークは大きく前進する。図書館のネットワークの範囲も重要である。都道府県立の図書館を中心にするのか、同一市町村内の図書館を結ぶのかによって、ネットワークの規模や機能が異なってくる。利用者の立場から言えば、ネットワーク化されている方が、図書や雑誌の検索に都合がよい。

第4に、図書館は分館、自動車文庫を設置して、利用者の便利を図っている。図書館の本館が1,903館であるのに対して、分館は1,371館である。市区立の分館が多く、1,304館となっている。自動車文庫は、全国で548台ある。北海道が55台で最も多く、次に岩手県が34台、鹿児島県が27台、大阪府25台、長野県が23台となっている（注7）。自動車文庫の数は、都道府県によって、かなりばらつきがある。また、3,246館の中の2,099館が日曜日及び祝日に開館しており、6割以上の図書館が、日曜日及び祝日に開館して、利用者の便利を図っている（注8）。

第5に、図書館は、読書会、映写会などを開催して、集会の場所を提供している。図書館は、図書の貸し出しをするだけでなく、集会の場所も提供している。集会の中には、読書会のように図書館と関連したものもあるし、それほど関連していないものもある。図書館を生涯学習施設として位置付ければ、集会の場所を提供することは、図書館の役割のひとつになる。図書館が集会の場所を提供することは、今後ますます重要になってくる。

4　図書館の種類

図書館の定義は、図書館法第２条が規定している。

　「この法律において、『図書館』とは、図書、記録その他必要な資料を収集し、整理し、保存して、一般公衆の利用に供し、その教養、調査研究、レクリエーション等に資することを目的とする施設で、地方公共団体、日本赤十字社又は一般社団法人若しくは一般社団法人が設置するもの（学校に附属する図書館又は図書室を除く。）をいう。

２　前項の図書館のうち、地方公共団体の設置する図書館を公立図書館といい、日本赤十字社又は一般社団法人若しくは一般社団法人が設置する図書館を私立図書館という。」

この中の「一般社団法人」は、営利を目的としない社団法人を指している。図書館法第２条２項は、設置者別に図書館を規定している。設置者別に図書館を分類すると、国が設置する国立図書館、県や市町村が設置する公立図書館、私立図書館になる。しかし、この分類では、国立中央図書館と国立大学附属図書館との区別がつかない。また、公立図書館と学校図書館との区別もつかない。小学校から高等学校までの学校は、県や市町村が設置しているけれども、「学校に附属する図書館」の位置付けが不鮮明である。あるいは、私立学校附属図書館は、小学校であれ大学であれ、私立図書館に分類されるのであろうか。このようにして、設置者別の図書館の分類は、あまり役に立っていない。

次に、利用対象別の分類がある。北嶋武彦氏は、サービス対象別に、図書館を分類している。北嶋氏は、図書館を、①国立中央図書館、②公共図書館、③大学図書館、④短期大学図書館、⑤高等専門学校図書館、⑥学校図書館、⑦専門図書館、⑧その他の図書館、に分類している（注9）。 また、荒岡興太郎氏は、利用対象別に図書館を分類している。荒岡氏は、図書館を、①児童図書館、②学校図書館、③大学図書館、④公共図書館、⑤専門図書館、⑥国立国会図書館、に分類しており、他に、点字図書館、病院図書館、刑務所図書館、船員図書館の存在を指摘している（注10）。

日本図書館協会編集の『図書館ハンドブック（第5版)』は、利用者別に図書館を分類している。すなわち、①国立図書館、②公共図書館、③大学図書館、④学校図書館、⑤専門図書館、⑥その他の図書館、である（注 11)。 以下において、日本図書館協会の分類にしたがって、図書館を見てみよう。

(1) 国立図書館

国立図書館の特徴は、その国で出版された書籍を網羅的に収集し、書籍の書誌サービスを行うことである。納本制度によって、新刊図書やその他の著作物を最低一部納入するのである。わが国では、国立国会図書館が、書籍を収集している。国立国会図書館は、国会の図書館として、国会の立法活動を資料の面から補佐し、政府各省庁と最高裁判所に支部図書館を置いている。

(2) 公共図書館

公共図書館は、都道府県と市区町村が設置する図書館である。都道府県立の図書館は百%設置されている。市区立の図書館の設置率も98.3%である。しかし、町立の図書館の設置率は、60.1%にとどまっている。地域によっては、図書館が近くに設置されていないこともあり得る。

公共図書館の特徴は、入館料が無料であることと公費によって運営されていることである。入館料が無料であることは、地域住民が図書館を利用しやすいように配慮されていることを示している。公費による運営は、公共図書館が税金で運営されていることを示している。したがって、設置主体の財政状況が、公共図書館の整備状況に直接影響する。

(3) 大学図書館

大学図書館の設置は、法律によって規定されている。国立大学の場合、国立学校設置法第6条が「国立大学に、附属図書館を置く」と規定している。公立大学の場合、設置者である地方公共団体の条例が、国立大学に準じて附属図書館を置くように規定している。私立大学の場合、文部省令の大学設置基準第36条が、「大学は、その組織及び規模に応じ、少なくとも次に掲げる施設を備えた校舎を有するものとする」と校舎等施設を規定し、その三に「図書館」を含めている。そして、同第38条が、図書館の資料及び図書館を5項目にわたって規定している。

「大学は、学部の種類、規模等に応じ、図書、学術雑誌、視聴覚資料その他の教育研究上必要な資料を、図書館を中心に系統的に備えるものとする。

2　図書館は、前項の資料の収集、整理及び提供を行うほか、情報の処理及び提供のシステムを整備して学術情報の提供に努めるとともに、前項の資料の提供に関し、他の大学の図書館等との協力に努めるものとする。

3　図書館には、その機能を十分に発揮させるために必要な専門的職員その他の専任の職員を置くものとする。

4　図書館には、大学の教育研究を促進できるような適当な規模の閲覧室、レフアレンス・ルーム、整理室、書庫等を備えるものとする。

5　前項の閲覧室には、学生の学習及び教員の教育研究のために十分な数の座席を備えるものとする。」

短期大学の場合、文部省令の短期大学設置基準第28条が校舎等を規定し、同第29条が、図書等の資料及び図書館を6項目にわたって規定している。

これらの規定は、大学に図書館を設置することを述べているにすぎない。大学図書館をどのような方針で、どのような組織を作り、どのように運営していくかは、規定されていない。大学図書館は、年々充実していかなければならない。その際、年ごとの図書館の予算がどの程度必要かも、はっきりしていない。大学によって、大学図書館の充実度は、かなりばらつきがある。

大学図書館の特徴は、蔵書が学部・学科中心に集められていることである。たとえば、経済学部の図書館は、経済学関係の蔵書の割合が高い。これは当然のことである。問題は、大学図書館の位置付けである。大学図書館は、学生の学習を援助するために存在するのか、あるいは、研究所、学術書を収集するために存在するのか。どちらを採用するかによって、蔵書の性格が異なってくる。総合大学では、中央図書館と学部の図書館とを設置し、前者を学生の学習用に、後者を研究用にふり分けることも可能である。大学図書館は充実しているところが多いので、もっと活用することを考えなければならない。国民全体の学術情報センターとして、大学図書館の果たす役割を考えなければならない。

(4) 学校図書館

学校図書館は、小学校、中学校、高等学校、中等教育学校などにおいて、児童・生徒と教員が利用する図書館である。学校図書館法第1条によれば、学校図書館は、「学校教育において欠くことのできない基礎的な設備であることにかんがみ、その健全な発達を図り、もって学校教育を充実することを目的」としている。

学校図書館法第3条の規定によって、「学校には、学校図書館を設けなければならない」とされており、学校図書館の設置義務を定めている。学校図書館には、司書教諭を置くことが求められている。同法第5条1項は、「学校には、学校図書館の専門的職務を掌らせるため、司書教諭を置かなければならない」と規定している。

この司書教諭は、教諭をもって充てる。司書教諭は、司書教諭の講習を修了した者でなければならない。司書教諭の講習については、学校図書館司書教諭講習規程（文部省令）が定められている。同規程第3条によれば、履修すべき科目と単位は、「学校経営と学校図書館」(2単位)、「学校図書館メディアの構成」(2 単位)、「学習指導と学校図書館」(2単位)、「読書と豊かな人間性」(2単位)、「情報メディアの活用」(2単位)、である。

2015年（平成27年）4月1日に施行された「学校図書館法の一部を改正する法律」第6条で、学校司書が規定されている。

「学校には、前条第一項の司書教諭のほか、学校図書館の運営の改善及び向上を図り、児童又は生徒及び教員による学校図書館の利用の一層の促進に資するため、専ら学校図書館の職務に従事する職員（次項において「学校司書」という。）を置くよう努めなければならない。

2　国及び地方公共団体は、学校司書の資質の向上を図るため、研修の実施その他の必要な措置を講ずるよう努めなければならない。」

学校図書館の充実を図るためには、学校司書の資格は有望であるけれども、細部がまだ明らかにされていない。今後の展開が期待される。

(5) 専門図書館

専門図書館は、「特定の限定された目的を持つ各種の組織体によってその所属メンバーを利用対象として、組織体の目的実現に必要な施設として設置される図書館」（注 12）である。組織体の例として、国や政府関係機関、公共企業体、地方自治体、大学や大学附属研究所、民間団体などがある。民間団体の図書館や企業図書館については、法律の規定を受けていない。専門図書館には、国立国会図書館、国立大学附属図書館などが含まれ、図書館の種類の分類上、一貫していないことが指摘できる。

専門図書館の特徴は、資料の収集や整理を中心業務とすることである。集会活動やレクリエーションは、専門図書館にはほとんど見当たらない。収集された資料は、オンラインの情報サービスによって利用されることが多い。専門図書館は、情報の発信基地として役立っている。

(6) その他の図書館

その他の図書館として、点字図書館、病院図書館、刑務所図書館などがある。この中の点字図書館は、厚生労働省の所管で、身体障害者福祉法に基づく身体障害者援護施設の中の聴覚障害者情報提供施設である。点字図書館は、点字図書や録音図書を作成し、主に郵送で貸し出している。

5　図書館の現状

図書館の現状を 2013 年（平成 23 年）度の『社会教育調査報告書』にしたがって概観する（注 13)。図書館数は、3,274 館であり、内訳は、本館 1,903 館、分館 1,371 館となっている。設置者別に見ると、都道府県立の図書館が 61 館、市区立の図書館が 2,592 館、町立の図書館が 549 館、村立の図書館が 46 館となっている。他に、組合立の図書館が 1 館、一般社団法人立の図書館が 25 館となっている。これらの中では、市区立の図書館の占める割合が大きく、全体の約８割を占めている。

図書館を設置する市区町村の数は、1,292 市区町村であり、全市区町村の数 1,743 に対する設置率は、74.1%となっている。図書館の設置率を市区町村別に見ると、市区立図書館の設置率は 98.34%、町立図書館の設置率は 60.1%、村立図書館の設置率は 25.0%である。この割合から判断すれば、市区立図書館の設置率は高く、逆に町村立図書館の設置率は低い。このことから、住んでいる地域によって、図書館の設置にばらつきがあると推測できる。

施設の状況について、当該図書館だけで建物の全部を使用している図書館は、3,271 館の中の 1,180 館である。本館・分館別に見ると、本館では 1,900 館の中の 904 館であり、分館では 1,371 館の中の 276 館である。図書館は、単独の施設より複合施設の方が多くなっている。

収蔵している図書の総冊数は、合計 399,521,478 冊であり、雑誌の保有タイトル数は、1,025,429 種類である。10 万冊以上の蔵書冊数を持つ図書館の数は、1,235 館、5 万冊以上 10 万冊未満の蔵書冊数を持つ図書館の数は、920 館、以下、4 万冊以上 5 万冊未満、211 館、3 万冊以上 4 万冊未満、251 館、2 万冊以上 3 万冊未満、255 館、1 万冊以上 2 万冊未満、242 館となっている。

図書館は、図書以外の視聴覚資料も収集している。視聴覚資料として、映画フィルム、スライドフィルム、レコード、録音テープ、ＣＤ、ビデオテープ、ビデオディスク、録音図書、点字図書がある。

図書館は、図書や視聴覚資料の貸出業務を行う。また、図書館における事業として、読書会・研究会、鑑賞会・映写会、資料展示会などが実施される。図書館は、生涯学習を行う場として活用されている。

6　図書館の職員

図書館の職員は、館長の他に、専門的職員、事務職員、技術職員、労務職員を含んでいる。図書館の専門的職員は、司書と司書補である。司書は図書館の専門的事務に従事し、司書補は司書の職務を助ける。司書と司書補の資格は、図書館法第５条によって規定されている。

「次の各号のいずれかに該当する者は、司書となる資格を有する。

一　大学を卒業した者で大学において文部科学省令で定める図書館に関する科目を履修したもの
二　大学又は高等専門学校を卒業した者で次条の規定による司書の講習を修了したもの
三　次に掲げる職にあった機関が通算して三年以上になる者で次条の規定による司書の講習を修了したもの
イ　司書補の職
ロ　国立国会図書館又は大学若しくは高等専門学校の附属図書館における職で司書補の職に相当するもの
ハ　ロに掲げるもののほか、官公署、学校又は社会教区施設における職で社会教育主事、学芸員その他の司書補の職と同等以上の職として文部科学大臣が指定するもの
2　次の各号のいずれかに該当するものは、司書補となる資格を有する。
一　司書の資格を有する者
二　学校教育法（昭和二十二年法律第二十六号）第九十条第一項の規定により大学に入学することのできる者で次条の規定による司書補の講習を修了したもの」

司書と司書補の講習は、文部科学大臣の委嘱を受けた大学において実施される。

図書館の職員数は、12,479 人である（注 14)。職名別に見ると、専任の館長・分館長が 1,243 人(うち司書有資格者が 381 人)、兼任が 1,232 人(うち司書有資格者が 133 人)、非常勤が 295 人(うち司書有資格者が 36 人)である。そして、専任の司書が 6,006 人、兼任が 213 人、非常勤が 8,501 人である。専任の司書補が 121 人で、兼任が 18 人、非常勤が 244 人である。専任の館長、分館長は、図書館全体の約 4 割しかいない。専任の司書も、1 図書館当たり 2 人以下しかいない。全体として見れば、図書館の職員の配置は、不十分である。

7　図書館の課題

図書館が直面している課題として、次のことを指摘することができる。

第１に、図書館をどのような施設として位置付けるかという問題がある。図書館は、社会教育施設である。では、生涯学習施設として図書館をとらえた場合、図書館のどのような役割が変化するのか。従来のまま図書館が存続すれば、生涯学習施設となるのか。本、雑誌、新聞などを収集し、利用者に提供することは、図書館の本来の業務のひとつである。では、ビデオ、ＣＤ、ＤＶＤなどの映像資料をどの程度収集するのか。生涯学習の観点からいえば、これらの映像資料も、豊富に取りそろえる方が好ましい。また、図書館を集会や講座のために利用することも、今後増やすことを検討すべきである。図書館を生涯学習施設とみなすなら、図書館の果たす役割を再構築しなければならない。

第２に、図書館の充実と役割分担をどのように調和させるかという問題がある。図書館を充実させるためには、図書館の配置と図書館資料の整備が必要である。図書館の配置については、町村立の図書館の未設置率が高い。図書館資料の整備については、それぞれの図書館がどのような選択基準で図書館資料を収集するのかを明確にしなければならない。ひとつの市の中で複数の図書館が設置されている場合、収集する図書の分野を分けることも、ひとつの方法である。また、今後の図書館の在り方としては、日常生活に役立つ図書を収集することが重要になる。高齢化社会に備えるためには、図書の活字の大きさにも配慮しなければならない。

第３に、図書館にコンピュータをどのように導入するかという問題がある。現状では、コンピュータの利用はかなり進んでいるけれども、まだまだ不十分である。図書館において、コンピュータは、図書の貸し出しや返却、蔵書の管理、資料の検索などに用いられている。一部の雑誌はコンピュータで閲覧できるようになっているけれども、図書館の蔵書をコンピュータに記録するところまではいっていない。しかし、電子ブックが売れていることを考えれば、電子図書館の活用が現実味を帯びてくる。図書館が電子化されれば、自宅のパソコンを使って図書館の図書を読むことができるようになるであろう。その時には、図書館の存在意義も異なったものになる（注15）。

第４に、図書館の職員の質をどのように向上させるかという問題がある。司書の資格を持つ図書館の館長は、数が少ない。館長になる前に司書の資格を取得させるのがむずかしいなら、館長になった後に取得させることが必要である。次に、司書と司書補の資格取得についいて、質の高い司書や司書補を養成しようとするなら、取得要件の中身を充実しなければならない。レファランス・サービスを行える能力を持った司書や司書補を養成することが重要である。さらに、現職の司書の研修も充実しなければならない。

第5に、公立図書館の民営化が、話題になり、一部は実施されている。佐賀県の武雄市立図書館は民間企業のカルチュア・コンビニエンス・クラブ株式会社に運営を委託し、2013年（平成25年）4月にリニューアルオープンした。ＴＳＵＴＡＹＡの書店やコーヒーチェーンのスターバックスを併設し、集客力を強めている（注16)。

小牧市は、市立図書館の設計にアドバイスをする業者として、ＣＣＣと株式会社図書館流通センター（ＴＲＣ）の共同事業体に決定したと発表した（注17)。

このような公立図書館の民営化の動きについては、利用者の増加が見込めるものの、レファランス・サービスの低下、収集する図書館資料の偏りなどが懸念されている。

注

(1) 碓井正久、倉内史郎、『新社会教育』（学文社、1988年） 126ページ。

(2) 同上。

(3) 北嶋武彦（編著)、『図書館概論』（東京書籍、1998年） 21-24ページ。

(4) http://www.jla.or.jp/library/gudeline/tabid/236/Default.aspx

(5) 日本図書館協会 図書館ハンドブック編集委員会（編)、『図書館ハンドブック（第5版)』（日本図書館協会、1998年） 137-138ページ。以下の記述は、本書を参考にした。

(6) 文部科学省、『平成 23 年度 社会教育調査報告書』（日経印刷、2013年） 25ページ。

(7) 同上、 229、237 ページ、

(8) 同上、 245 ページ。

(9) 北嶋武彦、『図書館概論』、前掲書、 39-40 ページ。

(10) 藤野幸雄、荒岡興太郎、山本順一、『図書館情報学入門』(有斐閣、1997 年) 64-73 ページ。

(11) 日本図書館協会 図書館ハンドブック編集委員会 (編)、『図書館ハンドブック (第 5 版)』、前掲書、 3-5 ページ。

(12) 同上、4 ページ。

(13) 文部科学省、『平成 23 年度 社会教育調査報告書』前掲書、214-215、218 、243 ページ。

(14) 同上、 219 ページ。

(15) W.F.Birdsaii,The Myth of the Electronic Library (Greenwood Press,1994)

邦訳、W・F・バーゾール著、根本彰、山本順一、二村健、平井歩実訳、『電子図書館の神話』(勁草書房、1996 年) 65-83 ページ。

(16) 日本経済新聞、「スタバ併設、私語 OK 『市立 TSUTAYA 図書館』の集客力－佐賀・武雄市、開業から半年」、
http://www.nikkei.com/article/DGXNZO60559110T01C13A0000000/

(17) HUFFPOST SOCIETY－社会－、「『TSUTAYA 図書館』愛知県小牧市にも誕生? CCC・TRC がカフェ併設提案」
http://www.huffingtonpost.jp/2014/08/26/komakishi_n_5719699.html

第4章　博　物　館

2013年（平成23年）度の博物館の数は、1,262 館であり、博物館相当施設の数は、4,485 館である。博物館の入館者の数は、122,831,000 人である（注1)。1億2千万任を超える人が博物館を訪れていることは、驚くべきことである。

博物館の入館者数は多いけれども、博物館の果たすべき役割ははっきりしていない。いくつかの博物館は、博物館と認識されないで、子どもを遊ばせるレジャー施設と認識されている。また、博物館が社会教育施設であることさえ、認識されていない。博物館が保管する資料を活用することも、重要なことである。博物館を充実し発展させるためには、博物館をもっと理解しなければならない。

本章では、博物館を社会教育施設として位置付け、博物館の現状を理解し、博物館が直面する課題を検討する。第1に、博物館を社会教育施設として位置付ける。第2に、博物館の目的と事業を概観する。第3に、博物館を設置者別に、種類別に分類する。第4に、博物館の職員特に館長と学芸員の職務と資格を考察する。第5に、博物館が直面する課題を指摘する。

1　社会教育施設としての博物館

従来から、そして現在でも、博物館は、社会教育施設のひとつとして位置付けられている。博物館は、図書館や公民館とならんで、社会教育を推進していく施設である。社会教育は、学校以外の場で行われる教育である。たとえば、教育基本法第12条は、社会教育の在り方を、次のように規定している。

「個人の要望や社会の要請にこたえ、社会において行われる教育は、国及び地方公共団体によって奨励されなければならない。
2　国及び地方公共団体は、図書館、博物館、公民館その他の社会教育施設の設置、学校の施設の利用、学習の機会及び情報の提供その他の適当な方法によって社会教育の振興に努めなければならない。」

この中の「社会において行われる教育」が、社会教育である。教育基本法第6条は、学校教育の在り方を規定している。そして、同法第12条が社会教育の在り方を規定しており、学校教育と社会教育によって教育全体を把握しようとしている。

教育基本法第10条では、家庭教育が規定されており、家庭教育は社会教育の一部として位置付けられる。この考え方は、広い意味で、社会教育をとらえている。一方、家庭教育を独立させて、学校教育、家庭教育、社会教育という分類をすることがある。この分類は、「学校・家庭・地域社会」という表現に衣替えして、しばしば用いられている。1996年（平成8年）7月19日付けの第15期中央教育審議会第一次答申の第2部は「学校・家庭・地域社会の役割と連携の在り方」となっている。児童・生徒が直面する教育問題は、学校教育だけに目を向けても解決しない。学校教育だけではなく、家庭教育や地域社会での教育にも目を向けなくてはならない。

たとえば、不登校になる児童・生徒がいる。不登校に陥る児童・生徒の数が、無視できないほど増大している。この不登校の問題を解決するためには、学校の授業を理解しやすいように、授業のやり方を改善していくことが必要である。また、学校の中で、他の児童・生徒、教師との人間関係を円滑にすることも必要である。しかし、学校教育の中だけを改善しても、効果があがらない場合もある。家庭の中で、改善すべきところはないのか。地域社会の中で、学校に代わる教育施設は存在するのか。これらのことも考えなければ、不登校の問題を解決することはむずかしいであろう。

教育基本法第13条は、学校、家庭及び地域住民等の相互の連携協力を規定している。

> 「学校、家庭及び地域住民その他の関係者は、教育におけるそれぞれの役割と責任を自覚するとともに、相互の連携及び協力に努めるものとする。」

次に、1947年（昭和22年）の教育基本法の理念を具体化するために、社会教育法が、1949年（昭和24年）6月10日に制定された。同法第9条は、博物館を社会教育の機関と規定している。

「図書館及び博物館は、社会教育のための機関とする。
2　図書館及び博物館に関し必要な事項は、別に法律をもって定める。」

公民館も、社会教育のための機関である。この公民館については、社会教育法第5章第20条から第42条までの中で規定されている。図書館法は、1950年（昭和25年）4月30日に、博物館法は、1951年（昭和26年）12月1日に制定された。

2　博物館の目的と事業

(1) 博物館の目的

博物館の目的は、博物館法第2条第1項の博物館の規定の中に見ることができる。すなわち、博物館とは、「歴史、芸術、民俗、産業、自然科学等に関する資料を収集し、保管（育成を含む。以下同じ。）し、展示して教育的配慮のもとに一般公衆の利用に供し、その教養、調査研究、レクリエーション等に資するために必要な事業を行い、あわせてこれらの資料に関する調査研究をすることを目的とする機関」である。

この目的は、博物館の果たすべき役割を規定している。すなわち、博物館は、①資料を収集し、②資料を保管し、③資料を展示し、④必要な事業を行い、⑤資料に関する調査研究を行う、機関である。この目的を見れば、博物館の役割をある程度理解することができる。

しかし、この目的は、社会教育施設として、博物館が果たす役割を規定していない。博物館は、社会教育のための機関である。博物館は、社会教育の機関として、どういう目的をもって、どのような活動をしていくのか。この問いに対する答えは、博物館の目的の規定には見当たらない。わずかに、博物館は、「教育的配慮のもとに一般公衆の利用に供」することと「その教養、調査研究、レクリエーション等に資するために必要な事業を行」うことが述べられているだけである。「教育的配慮のもとに」ではなく、むしろ「教育的意図を持って」博物館を利用すべきなのである。

次に、「必要な事業」は、いわゆる博物館が主催する教育事業のことである。講演会、講習会、展示会などを開催して、入館者の利用に供するのである。「必要な事業」は、「必要な教育事業」とする方がよい。もしレクリエーションが「教育事業」に含まれないなら、「その教養、調査研究」を「教育事業」の内容にすればよい。博物館の目的の中に、教育の視点が抜け落ちてしまっている。

一方、1960年（昭和35年）12月4日に第11回ユネスコの総会で採択された「博物館をあらゆる人に解放する最も有効な方法に関する勧告」によれば、博物館は、「各種方法により、文化価値を有する一群の物品ならびに標本を維持・研究かつ拡充すること、特にこれらを大衆の娯楽と教育のために展示すること」（注2）を目的としている。

このユネスコの規定では、博物館は、「教育のために展示すること」が明示されている。この規定の方が、はるかに「教育的」である。ユネスコの規定と比べると、わが国の博物館の規定は、社会教育の視点を軽視している。博物館の効果的な利用を増進させるためには、社会教育機関としての位置付けを適切にしなければならない。

(2) 博物館の事業

博物館は、その目的を達成するために、幅広い事業を行っている。博物館の事業は、博物館法第3条第1項に次のように規定されている。

一　実物、標本、模写、模型、文献、図表、写真、フィルム、レコード等の博物館資料を豊富に収集し、保管し、及び展示すること。

二　分館を設置し、又は博物館資料を当該博物館外で展示すること。

三　一般公衆に対して、博物館資料の利用に関し必要な説明、助言、指導等を行い、又は研究室、実験室、工作室、図書室等を設置してこれを利用させること。

四　博物館資料に関する専門的、技術的な調査研究を行うこと。

五　博物館資料の保管及び展示等に関する技術的研究を行うこと。

六　博物館資料に関する案内書、解説書、目録、図録、年報、調査研究の報告書等を作成し、及び頒布すること。

七　博物館資料に関する講演会、講習会、映写会、研究会等を主催し、及びその開催を援助すること。

八　当該博物館の所在地又はその周辺にある文化財保護法（昭和二

十五年法律第二百十四号）の適用を受ける文化財について、解説書又は目録を作成する等一般公衆の当該文化財の利用の便を図ること。

九　社会教育における学習の機会を利用して行った学習の成果を活用して行う教育活動その他の活動の機会を提供し、及びその提供を奨励すること。

十　他の博物館、博物館と同一の目的を有する国の施設等と緊密に連絡し、協力し、刊行物及び情報の交換、博物館資料の相互貸借等を行うこと。

十一　学校、図書館、研究所、公民館等の教育、学術又は文化に関する諸施設と協力し、その活動を援助すること。

一方、加藤有次氏によれば、博物館の機能は、基礎機能と活用機能に分類できる。基礎機能は、博物館の基礎をなすものであり、ひとつの資料を博物館資料とするための基礎的な働きかけをなすものである。活用機能は、資料をどのようにして活用・利用するかを考える機能である。

第一次機能（基礎機能）

資料の収集活動－整理・保管活動－調査研究活動

第二次活動（活用機能）

Ⅰ．In-door 機能

1．教育普及機能（館内展示活動・各種講座・体験学習活動など）

2．情報提供センターとしての機能

Ⅱ．Out-door 機能

教育普及機能（館外展示活動・調査採集会・野外体験学習活動など）（注3）

博物館の事業や機能を概観すると、博物館の果たす役割が見えてくる。第１に、博物館は、資料を収集し、保管し、展示する施設である。この資料は、実物が望ましい。実物の資料が手に入らない場合には、レプリカやコピーに頼ることになる。ビデオやパソコンなどが発達した現在では、映像メディアを展示することも有効である。資料が希少なものであれば、実物を収集し、保管することがますます重要になる。博物館が学校と異なる点は、博物館が実物を取り扱うことである。学校では、実物を簡単に授業に持ち込めない。博物館の存在意義は、実物の資料を見学することにある。

第2に、博物館の事業や機能は、資料の収集・保管・展示が中心であり、教育事業や教育的機能は軽視されている。確かに、資料を展示することも、教育事業のひとつであり、教育的機能を持つものである。しかし、資料を展示する時には、資料の価値が判断材料となる。資料の教育的価値は、副次的にしか考慮されない。

次に、博物館の情報提供機能が、整備されていない。たとえば、出版事業は、博物館の教育事業のひとつである。博物館は、博物館のパンフレット、説明書、調査研究報告書などを出版している。これらの出版物は、入館者に配布すると同時に、博物館の記録として保存しておかなければならない。博物館の「情報提供センターとしての機能」を、もっと充実しなければならない。2003年(平成15年)6月6日付けの文部科学省告示「公立博物館の設置及び運営上の望ましい基準」第6条は、情報の提供について次のように述べている。

「博物館は、利用者の利用の便宜のために、次に掲げる事項を実施するものとする。

一　資料に関する目録、展示資料に関する解説書又は案内書等を作成するとともに、資料に関する調査研究の成果の公表その他の広報活動を行うこと。

二　事業の内容、資料等についてインターネットその他の高度情報通信ネットワークの活用等の方法により、情報の提供を行うこと。」

第3に、博物館は、学校や図書館との連携を十分に実現していない。学校と学校の間は、インターネットを通じてネットワークが形成されつつある。学校と図書館とのネットワークも、できている。ひとつの図書館で、パソコン検索をすると、別の図書館に収蔵されている図書を見つけることができる。雑誌については、コピーを依頼すれば、すぐ手に入れることができる。

しかし、博物館と学校や図書館については、まだネットワークが形成されていない。もちろん博物館がホームページを作成していれば、アクセスは可能である。これをさらに一歩進めて、学校や図書館とネットワークを作れば、博物館の利用者はもっと増えるであろう。

3　博物館の種類

(1) 登録博物館・博物館相当施設

博物館を分類すると、博物館と博物館相当施設になる。この場合の博物館は、登録された博物館と博物館相当施設を含んでいる。博物館法第2条第1項で規定している博物館は、登録された博物館のことである。登録するためには、博物館として機能するために、一定の資料、建物、職員などの要件を満たさなければならない。登録の手続きは、博物館が所在する都道府県教育委員会に対して行う。

登録の手続きについては、博物館法第2章の第10条から第17条までが、登録、登録の申請、登録要件の審査、登録事項等の変更、登録の取消、博物館の廃止などを規定している。この中の登録要件は、同法第12条が、次のように規定している。

一　第二条第一項に規定する目的を達成するために必要な博物館資料があること。

二　第二条第一項に規定する目的を達成するために必要な学芸員その他の職員を有すること。

三　第二条第一項に規定する目的を達成するために必要な建物及び土地があること。

四　一年を通じて百五十日以上開館すること。

博物館法は、おおまかな登録要件を示しているだけである。1952年（昭和27年）5月23日に、社会教育局長通達「博物館の登録審査基準要項について」が、都道府県教育委員会あてに出されている。もっと具体的には、1973年（昭和48年）11月30日の文部省告示「公立博物館の設置及び運営に関する基準」が、登録の基準を示している。この基準については、文部省社会教育局長から都道府県教育委員会あてに、通達「『公立博物館の設置及び運営に関する基準』の取り扱いについて」が同時に出されている。告示や通達が公立博物館について行われているけれども、私立博物館も同じ基準で登録することができる。

次に、博物館に相当する施設は、博物館法第29条で「博物館に相当する施設」すなわち博物館相当施設として規定されている。博物館相当施設は、博物館の事業を行う施設で、文部大臣や都道府県教育委員会が博物館に相当する施設として指定したものである。博物館と博物館相当施設は、所在している都道府県の教育委員会の所管となっている。博物館相当施設の基準は、1971年（昭和46年）6月5日に社会教育局長通知「博物館に相当する施設の指定について」が、都道府県教育委員会教育長あてに出されている。この中で、博物館に相当する施設審査要項が示されている。

(2) 設置者別の分類

博物館は、設置者別に、公立博物館と私立博物館に分類できる。公立博物館は、「地方公共団体の設置する博物館」（博物館法第2条第2項）であり、私立博物館は、「一般社団法人若しくは一般財団法人、宗教法人又は前項の政令で定める法人の設置する博物館」（同法）である。さらに、公立博物館は、設置者によって、国立博物館、都道府県立博物館、市（区）町村立博物館、組合立博物館に分類できる。

この中の国立博物館については、文部科学省に属する博物館とはいえ、必ずしも文部科学省の所轄機関であるとは限らない。他に、文化庁の付属機関であるもの、国立大学の共同利用機関であるもの、が存在する。文化庁に付属する博物館には、国立博物館、国立近代美術館、国立西洋美術館、国立国際美術館がある。国立大学の共同利用機関としての博物館には、国立民族学博物館、国立歴史民俗博物館があり、国文学研究資料館も含められる。他に、大学に付属した博物館が、存在している。文部省以外の施設としては、郵政省の逓信博物館、労働省産業安全研究所付属産業安全技術館がある（注4）。

都道府県立博物館と市町村立博物館については、地方教育行政の組織及び運営に関する法律が、その設置を認めている。同法第30条によれば、地方公共団体は、博物館を含む教育機関を設置することができる。

> 「地方公共団体は、法律で定めるところにより、学校、図書館、博物館、公民館その他の教育機関を設置するほか、条例で、教育に関する専門的、技術的事項の研究又は教育関係職員の研修、保健若しくは福利厚生に関する施設その他の必要な教育機関を設置することができる。」

そして、市町村立博物館については、社会教育法がその設置を認めている。同法第5条第4項によれば、博物館の設置と管理は市町村教育委員会の事務のひとつに含まれる。市町村教育委員会の事務のひとつは、「所管に属する図書館、博物館、青年の家その他社会教育施設の設置及び管理に関すること」である。

2013年（平成23年）度の『社会教育調査報告書』（注5）によれば、全国1,262館の博物館の中で、独立行政法人博物館の数は27館、都道府県立博物館の数は155館、市（区）立博物館の数は495館、町立博物館の数は67館、村立博物館の数は4館、組合立博物館の数は3館、一般社団法人立の博物館の数は347館、その他が164館となっている。

博物館を設置者別に見ると、地方公共団体が設置する博物館が大きい割合を占めている。特に、市（区）立博物館の占める割合が、一番大きい。一般社団法人による博物館の数も多いけれども、都道府県や市（区）町村も、博物館の設置にはずいぶん貢献している。

(3) 種類別の分類

博物館は、その種類によって分類することができる。この種類別博物館の分類の仕方は、必ずしも一致していない。

公立博物館の設置及び運営に関する基準（1973年（昭和48年）11月30日、文部省告示第164号）の第2条は、博物館を、総合博物館、人文系博物館、自然系博物館に分類している。総合博物館は、「人文科学及び自然科学の両分野にわたる資料を総合的な立場から扱う博物館」である。人文系博物館は、「考古、歴史、民俗、造形美術等の人間の生活及び文化に関する資料を扱う博物館」である。自然系博物館は、「自然界を構成している事物若しくはその変遷に関する資料又は科学技術の基本原理若しくはその歴史に関する資料若しくは科学技術に関する最新の成果を示す資料を扱う博物館」である。当然のことながら、この分類は公立博物館を対象としており、私立博物館は含まれていない。

次に、日本博物館協会は、博物館の種類別分類を次のように行っている。すなわち、博物館を総合博物館、郷土博物館、美術博物館、歴史博物館、自然史博物館、理工博物館、動物園、水族館、植物園、動物園・

水族館・植物園の10種に分類している。

そして、文部科学省は『社会教育調査報告書』において、種類別に博物館数を載せている。すなわち、博物館を、総合博物館、科学博物館、歴史博物館、美術博物館、野外博物館、動物園、植物園、動植物園、水族館の9種に分類している。

日本博物館協会の分類と文部科学省の分類とでは、おおまかな枠組みは同じであるけれども、細部については異なっている。日本博物館協会の分類では、郷土博物館、自然史博物館、理工博物館、動物園・水族館・植物園が含まれている。一方、文部科学省の分類では、科学博物館、野外博物館、動植物園が含まれている。両者を比較すると、自然史博物館と理工博物館とが科学博物館に対応している。動物園・水族館・植物園と動植物園は、分類基準の違いであろうか。郷土博物館については、文部科学省の分類では、取り扱われていない。

文部科学省の分類と同じように、関秀夫氏は、資料の種類によって博物館を分類している。

① 人文科学及び自然科学の両分野にわたる資料を総合的な立場から扱う［総合博物館］

② 動物資料、植物資料、地学資料、理化学資料、天文資料などの資料を扱う［科学博物館］

③ 歴史資料、考古学資料、民俗資料、民族・人類学資料などを扱う［歴史博物館］

④ 古美術資料や近代美術資料を扱う［美術博物館］

⑤ 建造物などを屋外に展示する［野外博物館］

⑥ 生きた動物資料を飼育展示する［動物園］

⑦ 生きた植物資料を栽培展示する［植物園］

⑧ 生きた動物資料と生きた植物資料を、同じ施設のなかで相互的な立場から扱う［動植物園］

⑨ 水族資料を飼養展示する［水族館］（注6）

2013年（平成23年）度の『社会教育調査報告書』（注7）によれば、全体で1,262館の博物館の中で、総合博物館の数は143館、科学博物館の数は109館、歴史博物館の数は448館、美術博物館の数は452館、野外博物館の数は18館、動物園の数は32館、植物園の数は10館、動植物園の数は8館、水族館の数は42館である。これらの中で、歴史博物館と美術博物館の占める割合が大きい。

博物館相当施設については、全体で349館の中で、総合博物館の数は21館、科学博物館の数は38館、歴史博物館の数は122館、美術博物館の数は80館、野外博物館の数は7館、動物園の数は31館、植物園の数は8館、動植物園の数は8館、水族館の数は34館である。

博物館も博物館相当施設も、歴史博物館が一番多く、次に美術博物館が多い。この理由は、歴史的な資料は種類が豊富であり、集めやすいからであろう。美術博物館は、もっと増えてもよさそうである。美術品は、比較的高価なものが多いので、美術博物館を設置しにくいのかもしれない。野外博物館や動植物園の数が少ないのは、わが国の土地の値段が高く、経費がかかりすぎて運営しにくいからであろう。

4 博物館の職員

(1) 館長と学芸員

博物館の職員は、館長、学芸員、学芸員補、その他の職員から構成される。博物館法第4条は、博物館の職員を次のように規定している。

「博物館に、館長を置く。

2 館長は、館務を掌理し、所属職員を監督して、博物館の任務の達成に努める。

3 博物館に、専門的職員として学芸員を置く。

4 学芸員は、博物館資料の収集、保管、展示及び調査研究その他これと関連する事業についての専門的事項をつかさどる。

5 博物館に、館長及び学芸員のほか、学芸員補その他の職員を置くことができる。

6 学芸員補は、学芸員の職務を助ける。」

この中の「その他の職員」は、事務職員、技術職員、労務職員などを指している。また、2003年（平成15年）6月6日付けの文部科学省告示「公立博物館の設置及び運営上の望ましい基準」第9条は、職員を次のように規定している。

「博物館に館長を置くとともに、事業を実施するために必要な数の学芸員を置くものとする。

2　博物館に、前項に規定する職員のほか、事務又は技術に従事する職員を置くものとする。」

館長については、必要な専門的知識及び技術に関する説明が見当たらない。社会教育局長通知「博物館の登録審査基準要項について」が、「館長と学芸員とは兼ねることができる」と規定しているだけである。学芸員の規定と比較しても、館長のあるべき姿が見えてこない。学芸員の資格を持つ人が館長になることは望ましい。問題は、公立博物館において、行政職の人が館長になる場合である。博物館の事業に関心や興味を持たない人が館長になっても、博物館の充実や発展は望めないであろう。

博物館の職員は、雇用の形態から、専任、兼任、非常勤に区分されている。専任は、常勤の職員として発令されている者である。兼任は、当該博物館以外の常勤の職員で兼任発令されている者である。非常勤は、非常勤の職員として発令されている者である。

2013 年（平成 23 年）度の『社会教育調査報告書』（注 8）によれば、登録博物館 913 館の職員数は、専任の合計が 6,012 人であり、その中で、館長が 393 人、学芸員が 2,545 人、学芸員補が 130 人、その他の職員が 2,944 人である。次に、兼任の合計は、803 人である。その中で、館長が 209 人、学芸員が 223 人、学芸員補が 10 人、その他の職員が 361 人である。そして、非常勤の合計が、3,918 人である。その中で、館長が 230 人、学芸員が 284 人、学芸員補が 91 人、その他の職員が 3,313 人である。

博物館相当施設 349 館の職員数は、専任の合計が 3,796 人である。その中で、館長が 127 人、学芸員が 645 人、学芸員補が 263 人、その他の職員が 3,781 人である。次に、兼任の合計は、494 人である。その中で、館長が 128 人、学芸員が 110 人、学芸員補が 18 人、その他の職員が 238 人である。そして、非常勤の合計が、1,704 人である。その中で、館長が 37 人、学芸員が 111 人、学芸員補が 57 人、その他の職員が 1,499 人である。

登録博物館の職員数と博物館相当施設の職員数を比べると、次のことがわかる。第1に、博物館相当施設の職員が、全体として貧弱である。第2に、博物館相当施設には、館長を置いていない施設が多い。第3に、登録博物館では、兼任と非常勤が大きい割合を占めている。

(2) 学芸員の資格

学芸員の仕事は、「博物館資料の収集、保管、展示及び調査研究その他これと関連する事業についての専門的事項をつかさどる」ことである。学芸員は、博物館の専門的職員として、博物館資料を取り扱い、調査研究を行うのである。博物館が機能するためには、学芸員の存在が不可欠である。学芸員として勤めるには、前もって学芸員の資格を取得しておかなければならない。学芸員の資格は、大学で必要な単位を修得して得られる他にも、取得の方法がある。博物館法第5条は、学芸員の資格を次のように規定している。

「次の各号の一に該当する者は、学芸員となる資格を有する。

一　学士の学位を有する者で、大学において文部科学省令で定める博物館に関する科目の単位を修得したもの

二　大学に二年以上在学し、前号の博物館に関する科目の単位を含めて六十二単位以上を修得した者で、三年以上学芸員補の職にあったもの

三　文部科学大臣が、文部科学省令で定めるところにより、前各号に掲げる者と同等以上の学力及び経験を有する者と認めた者

2　前項第二号の学芸員補の職には、官公署、学校又は社会教育施設（博物館の事業に類する事業を行う施設を含む。）における社会教育主事、司書その他の学芸員補の職と同等以上の職として文部科学大臣が指定するものを含むものとする。」

学芸員補の資格は、「大学に入学することのできる者」（博物館法第6条）である。

文部省令「博物館法施行規則」によれば、大学で修得すべき博物館に関する科目は、9科目19単位である。すなわち、「生涯学習概論」（2単位）、「博物館概論」（2単位）、「博物館経営論」（2単位）、「博物館資料論」（2単位）、「博物館資料保存論」（2単位）、「博物館展示論」（2単

位)、「博物館情報・メディア論」(2 単位)、「博物館実習」(3 単位) である。

大学で修得すべき単位数は比較的少ないので、多くの学生が学芸員の資格を取得している。しかし、実際に学芸員として就職できる者は、非常に少ない。需要と供給のバランスをどのように考えるのか。むずかしい問題である。

「公立博物館の設置及び運営に関する基準」第 12 条によれば、「博物館には、学芸員を置き、博物館の規模及び活動状況に応じて学芸員の数を増加するように努めるものとする。」と規定している。

2013 年 (平成 23 年) 度の『社会教育調査報告書』(注 9) によれば、登録博物館における学芸員と学芸員補の数は、それぞれ専任が 2,545 人、130 人であり、兼任が 223 人、10 人であり、非常勤が 284 人、91 人である。博物館相当施設における学芸員と学芸員補の数は、それぞれ専任が 645 人、263 人であり、兼任が 110、18 人であり、非常勤が 111 人、57 人である。

登録博物館の数は、全体で 913 館であり、博物館相当施設の数は、全体で 349 館である。計算すると、1 館当たりの専任の学芸員の数は、登録博物館が 2.8 人であり、博物館相当施設が 1.8 人である。学芸員補を入れれば、これらの数字はもっと増える。現実には、博物館や博物館相当施設の規模や種類によって、学芸員や学芸員補の数には、偏りがある。博物館や博物館相当施設を充実しようとすれば、優秀な学芸員や学芸員補を多く配置すべきである。

5　博物館の課題

博物館の課題を考えてみよう。第 1 に、社会教育機関としての博物館を見直さなければならない。博物館の目的の規定において、社会教育機関としての役割は副次的な取り扱いがされている。博物館は、資料を収集し、保管し、展示する施設である。その際、資料を展示して、入館者の知的好奇心を満たすことも重要である。博物館の教育的機能にもっと目を向けなければならない。

第 2 に、博物館教育学を構築する必要がある。わが国では、1951 年

(昭和 26 年) に博物館法が制定されて以後、博物館学が構築されるようになった。博物館学は、博物館の目的や機能を実現するための学問である。学芸員の資格を取得する時に、博物館学の体系化が必要になったのである。

一方、学芸員の資格取得のための科目の中に、「生涯学習概論」が含まれている。しかし、これらの科目だけでは、不十分である。学芸員の仕事は、資料を収集し、保管し、展示するだけではない。入館者に説明したり、質問に答えたりすることも、学芸員の仕事のひとつである。入館者が理解できるように説明するためには、話し方の方法、討論の指導、教授法または教育方法などの訓練が必要である。これらは、博物館実習で学習することがむずかしい。学芸員は、博物館資料の専門家である。しかし、学芸員は、「教育に関する専門家」ではない。廣瀬鎮氏は、次のことを指摘している。

「現在の博物館における教育担当の学芸員のすべてが、教育に関する専門家として養成されてきたとは限らない。学芸員は、教育学の基礎ともいうべき、教授法すら自ら学ばざるをえない場合が多いのである。我が国の博物館はれっきとした社会教育の場であるという認識が関係者の間でも成立していなかった。」(注 10)

学芸員が教育事業を担当するなら、「生涯学習概論」だけではなく、教授法などの各論を学習しておかなければならない。もっとも、博物館の教育事業に、教育職員免許状の取得者を配置するやり方もある。

第 3 に、博物館の事業として、調査研究を重視すべきである。博物館の事業は、資料の収集、保管、展示が中心であり、調査研究は軽視されてきた。このことは、博物館をどのように位置付けるかに関係している。博物館は図書館や公民館と並ぶ社会教育施設として位置付けられたために、調査研究の事業は軽視されてきたのである。現在でも、調査研究を十分にできる博物館は、大規模な博物館に限られている。

「独自の収集資料にもとずいた、固有の研究体制のもとに生み出された学術研究をもって社会へ働きかける博物館は、きわめて少ないのである。その多くの場合、大学研究、研究機関の成果の借用ともいわれる状態での展示が行われる場合が多いのである。」(注 11)

博物館が調査研究を重視することは、学芸員の質の向上につながっている。資料の収集、保管、展示についても、調査研究の成果が生かされるのである。調査研究を実施するためには、予算や組織が必要である。博物館を充実するなら、調査研究を実施すべきである。

注

(1) 文部科学省、『平成23年度　社会教育調査報告書』(日経印刷、2013年) 11-12、325ページ。

(2) 社会教育推進全国協議会（編）、『社会教育・生涯学習ハンドブック』(エイデル研究所、1995年) 293ページ。

(3) 加藤有次、『博物館学総論』(雄山閣出版、1998年) 129ページ。

(4) 椎名仙卓、「国立博物館」、
加藤有次・椎名仙卓（編）、『博物館ハンドブック』(雄山閣出版、1998年) 54-55ページ。

(5) 文部科学省、『平成 23 年度　社会教育調査報告書』前掲書、260-262ページ。

(6) 関秀夫、『日本博物館学入門（第二版）』(雄山閣出版、1997年) 117ページ。

(7) 文部科学省、『平成23年度　社会教育調査報告書』前掲書、264、266ページ。

(8) 同上、273、276ページ。

(9) 同上。

(10) 廣瀬鎮、「第四章　教育事業」、
伊藤寿朗・森田恒之（編）、『博物館概論』(学苑社、1996年) 355ページ。

(11) 同上、356ページ。
廣瀬鎮、『博物館社会教育論』(学文社、1992年) 18ページ。

第5章　公　民　館

生涯学習の考え方が普及してきた。学校教育については、教育改革案が次々と打ち出されている。一方、学校外教育については、必要性が指摘されながら、その動きは地味である。ほとんどの教育改革案には、学校、家庭、地域の連携が主張されている。1996年（平成8年）の中央教育審議会第一次答申では、「第4の領域」も提言されている。また、学校週5日制が完全に実施され、休日が増えたので、子どもの学校外教育の受け皿も必要である。最近では、授業時間を確保するために、土曜日に授業を実施する学校が増えてきている。

本章では、生涯学習施設のひとつである図書館の在り方を検討する。第1に、公民館の歴史を明らかにする。第2に、公民館の目的を確認する。第3に、公民館の現状を把握する。公民館の数と建物、公民館の事業、公民館の職員を概観する。第4に、公民館の直面する課題を指摘する。

1　公民館の歴史

わが国の公民館は、第2次世界大戦の後、公の社会教育施設のひとつとして位置付けられた。戦後まもなく、文部省社会教育課長であった寺中作雄氏が、公民館の在り方を構想した。寺中氏は、公民館を設置する理由として、次の3点を挙げている。

「第一に、民主主義を我がものとし、平和主義を身についた習性とする迄にわれわれ自身を訓練しよう。

第二に豊かな教養を身につけ、文化の香高い人格を作るよう努力しよう。自発的に考え、自分で物事を判断する荷は先ず自らを教養し、広い常識と深い見識を養って、如何なる事にもはっきりした見通しと不動の　信念が出来ねばならない。

第三に、身についた教養と民主主義的な方法によって、郷土に産業を興し、郷土の政治を立て直し、郷土の生活を豊かにしよう。」（注1）

寺中氏の構想を中心として、公民館の性格と役割が設定された。1946年（昭和21年）7月5日付の文部次官通牒「公民館の設置運営について」の内容は、寺中氏の構想に基づいていた。この通牒は、公民館の趣旨及び目的として、次のように主張している（注2)。

「これからの日本に最も大切なことは、すべての国民が豊かな文化的教養を身につけ、他人に頼らず自主的に物を考え平和的協力的に行動する習性を養うことである。そして之を基礎として盛んに平和的産業を興し、新しい民主日本に生まれ変わることである。その為には教育の普及を何よりも必要とする。（中略）公民館は全国の各町村に設置せられ、此処に常時に町村民が打ち集って談論し読書し、生活上産業上の指導を受けお互の交友を深める場所である。それは謂はば郷土における公民学校、図書館、博物館、公会堂、町村集会所、産業指導所などの機能を兼ねた文化教養の機関である。（中略）この施設は上からの命令で設置されるのでなく、真に町村民の自主的な要望と協力によって設置せられ、又町村自身の創意と財力とによって維持せられてゆくことが理想である。」

この文部次官通牒は、公民館運営上の方針として、次のように主張している。

一　公民館は、町村民が相集って教え合い、導き合い、互いの教養文化を高めるための民主的な社会教育機関である。
二　公民館は、町村民の親睦交友を深め、相互の協力和合を培い、以て町村自治向上の基礎となるべき社交機関である。
三　公民館は、町村民の教育文化を基礎として郷土産業活動を振い興す原動力となる機関である。
四　公民館は、町村民の民主主義的な訓練の実習所である。
五　公民館は、中央の文化と地方の文化とが接触交流する場所である。
六　公民館は、全町村民のものであり、全町村民を対象として活動するから、青年層の積極的な参加が望ましい。
七　公民館は、郷土振興の基礎を作る機関である。

文部次官通牒における公民館の考え方は、次の特徴を持っている。第1に、公民館は、その地域に住んでいる町村民を対象にしている。日本国民の教養を高めるためには、地方の町村民に対する働きかけが必要であった。町村民の教養を高め、文化を興す拠点として、公民館が位置付けられたのである。

第2に、公民館は、文化教養の中心施設であり、町村民の相互交流の場である。公民館は、町村民が集まることのできる場を提供している。公民館は、学習の拠点よりも、生活の拠点として位置付けられていた。町村民が公民館に集まり、相互交流を行い、その結果、文化教養が高められるのである。

第3に、公民館は、民主主義的な訓練の場である。公民館は、民主主義を学習する場として位置付けられていた。このことは、当時の社会的背景と関係がある。第2次世界大戦の後、日本に対してアメリカは民主主義を導入しようとしていた。軍国主義を否定して民主主義を導入するためには、公民としての教育が必要であった。公民館は、公民教育の場として注目されたのである。

第4に、公民館は、図書館、博物館などの機能をもった総合的な施設である。第2次世界大戦終結直後は、図書館や博物館などは、あまり整備されていなかった。図書館法や博物館法が整備されるのは、公民館を規定する社会教育法が1949年(昭和24年)6月10日に公布された後になってからであった。図書館法は1950年(昭和25年)4月30日に、博物館法は1951年(昭和26年)12月1日に公布された。図書館や博物館などが整備される以前には、公民館がそれらの役割も果たしていた。このような公民館の考え方を背景として、1949年(昭和24年)の社会教育法における公民館の規定が作成された。

次に、1967年(昭和42年)9月の全国公民館連合会の「公民館のあるべき姿と今日的指標」は、公民館の目的と理念を、次のように規定している。

1　公民館活動の基底は、人間尊重の精神にある。
　公民館は、すべての人間を尊敬信愛し、人間の生命と幸福をまもることを基本理念として、その活動を展開しなければならない。

2　公民館活動の核心は、国民の生涯教育の態勢を確立するにある。
　公民館は、学校とならんで全国民の教育態勢を確立し、住民に機会均等を保障する施設とならなければならない。

3　公民館活動の究極のねらいは、住民の自治能力の向上にある。
公民館は、社会連帯・自他共存の生活感情を育成し、住民自治の実をあげる場とならなければならない。

この中の「人間尊重の精神」、「国民の生涯教育の態勢」、「住民の自治能力の向上」は、いずれも重要な原則である。特に、公民館を「国民の生涯教育」の核心にすえたことは、画期的なことであった。

1971年（昭和46年）4月30日付の社会教育審議会答申「急激な社会構造の変化に対処する社会教育の在り方について」は、公民館の役割とその整備拡充について、次のように述べている。

「公民館については、従来ややもすればその性格と活動が明確に理解されていないきらいがあったが、コミュニティ・センターの性格を含む広い意味での社会教育の中心施設として、地域住民の各種の日常的学習状況にこたえながらとくに新しいコミュニティの形成と人間性の伸長に果たす役割が、改めて重視されなければならない。このような公民館の性格づけのうえに立って施設の増設および専門職員の増員により、その機能を充実するようにつとめるとともに、その未設置地域にあっては、都市、農村を問わず新たに公民館の整備を促進する必要がある。」

1970年（昭和45年）前後は、社会の変化が激しい時であった。人口構造の変化、家庭生活の変化、都市化、高学歴化、工業化・情報化、国際化は、教育にも大きな影響を与えている。技術革新の進展は、職業に関する知識・技術の向上を求めている。都市化や工業化は、市民意識、社会連帯意識の必要性を生み出している。このような変化に対応するため、社会教育を見直し、社会教育を広くとらえようとしている。さらに、この答申は、乳幼児、少年、青年、成人という発達段階を考慮している。

1991年（平成3年）6月の生涯学習審議会社会教育分科会施設部会の「公民館の整備運営の在り方について」によれば、公民館は、「住民の身近な学習・交流の場」として位置付けられている。

「社会教育を振興するためには、各種の学習活動の拠点となる社会教育施設の一層の整備充実が求められる。中でも、公民館は、住民の身近な学習・交流の場として今後とも生涯学習の推進に大きな役割を果していくものと考えられる。

特に、これからの公民館に課せられた課題は、青少年の学校外活動に積極的に対応することや地域における住民の学習活動が効果的かつ総合的に行われるよう、学校や他の生涯学習関連施設・機関や団体（以下「生涯学習関連施設等」という。）との連携・協力を図るとともに、住民に対する学習情報の積極的な提供に努め、市町村における生涯学習の中核的な施設としての役割を担っていくことである。（以下略）」

ここでは、社会教育の中で公民館が果たす役割が述べられている。公民館は、「住民の身近な学習・交流の場」として位置付けられ、生涯学習の推進に役立つことが期待されている。特に、生涯学習の考え方が普及していく中で、青少年の学校外教育に対応することが考慮されるようになった。公民館は、学校や他の生涯学習関連施設等と連携・協力することが求められた。公民館は、学校や諸施設を結ぶ一種のネットワークの中で、その役割を果たすことになった。

1996年（平成8年）7月19日付けの第15期中央教育審議会第一次答申「21 世紀を展望した我が国の教育の在り方について」は、子どもたちに「生きる力」を育成するために、地域において多様な体験活動を奨励している。公民館については、次のように述べている。

「公民館、図書館、博物館、青少年文化施設、美術館等、様々な社会教育・文化施設の整備が各地で進められている。（中略） これらの施設が、子供たちのそれぞれの興味や関心に応じた主体的な学習の場として、子供たちにとって気軽に利用できるということが大切である。（中略）そのために、例えば、公民館や生涯学習センター、青少年教育施設などにおいては、今後、工作教室や昔話遊び教室、史跡めぐりなどの子供・親子向けの事業や講座を充実したり、各種学習サークル活動などを活発に行うことなどが望まれる。」

この第一次答申は、公民館を子どもの「主体的な学習の場」として捉え、「気軽に利用できる」ように提言している。具体的な活動の例が示され、子どもの体験活動の場として、公民館が位置付けられている。

また、答申では、従来の学校・家庭・地縁的な地域社会とは異なる「第4の領域」が提唱されている。この領域の活動例として、スポーツ、キャンプ、ボランティアなどの目的指向的活動が挙げられている。

2　公民館の目的

公民館は、わが国で最も普及している施設である。公民館の目的は、社会教育法第20条に、次のように規定されている。

「公民館は、市町村その他一定区域内の住民のために、実際生活に即する教育、学術及び文化に関する各種の事業を行い、もって住民の教養の向上、健康の増進、情操の純化を図り、生活文化の振興、社会福祉の増進に寄与することを目的とする。」

このような公民館の目的から、2 つのことを導き出すことができる。第1に、公民館は、地域主義に基づいて設置されている。公民館の設置者は市町村であり、その設置や管理は条例で定めることになっている。そして、サービスを受けるのも、市町村に在住の住民である。したがって、公民館の活動範囲は市町村単位であり、あまり広い地域にわたることはない。2003年（平成15年）6月6日付けの文部科学省告示「公民館の設置及び運営に関する基準」の第2条は、公民館の対象区域を規定し、地域の重要性を指摘している。

「公民館を設置する市（特別区を含む。以下同じ。）町村は、公民館活動の効果を高めるため、人口密度、地形、交通条件、日常生活圏、社会教育関係団体の活動状況等を勘案して、当該市町村の区域内において、公民館の事業の主たる対象となる区域（第六条第二項において『対象区域』という。）を定めるものとする。」

第6条では、学校、家庭、及び地域社会との連携を規定しており、地域の学習拠点としての公民館の役割を強調している。

第2に、公民館は、多目的主義に基づいて設置されている。図書館や博物館が単一の目的を持っているのに対して、公民館は多くの目的を持っている。たとえば、社会教育法第22条は、公民館の事業として、次のことを掲げている。

一　定期講座を開設すること。

二　討論会、講習会、講演会、実習会、展示会等を開催すること。
三　図書、記録、模型、資料等を備え、その利用を図ること。
四　体育、レクリエーション等に関する集会を開催すること。
五　各種の団体、機関等の連絡を図ること。
六　その施設を住民の集会その他の公共的利用に供すること。

1999年（平成11年）の改正によって、青年学級に関する規定が削除された。公民館は、多目的に用いられる施設なので、集会のための部屋やホール、図書室や資料室などを備えなければならない。

公民館では、営利事業を援助すること、特定の政党や候補者を支援すること、特定の宗教を支持することを禁止している。これは、公民館の公共性を保つためである。学校と同様に、公民館も公共性を保つことが要請されている。公民館は、地域住民の全体に役立つ施設であり、一部の人だけに役立つ施設であってはならないのである。

3　公民館の現状

(1) 公民館の数と建物

公民館の数は、2013年（平成23年）現在、14,681館　（他に公民館類似施設は、718 館）であり、本館9,880館、分館 4,801館である（注3)。 公民館を設置者別に見ると、市（区）立が10,624館、町立が3,524館、村立が526 館、組合立が0館、一般社団法人立が7館である。公民館は、社会教育施設の中で、最も数の多い施設である。したがって、生涯学習施設としても、数の多い施設となる。

次に、公民館を設置する市（区）町村の数は1,743の中の1,501館であり、公民館の設置率は、86.1％である（注4)。市（区）町村別では、市(区)が809 の中の733館(90.6％)、町が750の中の633館(84.4％)、村が184の中の135館（84.4％）が、公民館を設置している。この設置率から判断すれば、たいていの市（区）町村は、公民館を設置している。そして、都市部の方が非都市部より、高い設置率である。公民館は、普及した施設なのである。

しかし、公民館の建物面積については、十分ではない。建物を単独で使用する公民館の比率は、建物面積を有しない公民館 500 館を除き、

14,681館の中の14,181館である（注5)。公民館の建物面積は全体で、150 平方メートル未満が 1,432 館、150 から 250 平方メートルが1,407館、250 から330 平方メートルが878 館、330 から500 平方メートルが2,851 館、500から 750平方メートルが 2,403館、750から 1,000平方メートルが1,361館、1,000 から1,250 平方メートルが 972 館（以下略）である。本館については、中央館は1,000平方メートル以上が多く、地区館は330 から1,000 平方メートルが多い。分館の半数については、250平方メートル未満である。1959年（昭和34年）12月28日付けの文部省告示第98号「公民館の設置及び運営に関する基準」の第3条は、公民館の建物の面積を次のように規定していた。

「公民館の建物の面積は、三百三十平方メートル以上とする。ただし、講堂を備える場合には、講堂以外の建物の面積は、二百三十平方メートルを下らないものとする。（以下略）」

公民館の本館の中央館は、建物の面積に余裕がある。しかし、公民館の地区館と分館については、建物の面積が少なく、小規模である。

「公民館の設置及び運営に関する基準」の第3条の続きは、公民館の建物の中の施設を規定していた。

「2　公民館には、少くとも次の各号に掲げる施設を備えるものとする。
一　会議及び集会に必要な施設（講堂又は会議室等）
二　資料の保管及びその利用に必要な施設（図書室、児童室又は展示室等）
三　学習に必要な施設（講義室又は実験・実習室等）
四　事務管理に必要な施設（事務室、宿直室又は倉庫等）
3　公民館には、前二項に規定するもののほか、体育及びレクリエーションに必要な広場等を備えるように努めるものとする。（以下略）」

2003年（平成15年）6月6日付の文部科学省告示「公民館の設置及び運営に関する基準」では、建物の面積が数値で示されなくなり、講堂や会議室などの施設の例示も示されなくなった。代わりに、第9条で公民館の施設及び設備を充実するように求めている。

「公民館は、その目的を達成するため、地域の実情に応じて、必要な施設及び設備を備えるものとする。
2　公民館は、青少年、高齢者、障害者、乳幼児の保護者等の利用の促進を図るため必要な施設及び設備を備えるよう努めるものとする。」

講堂や会議室などの施設の例示はされなくなったので、今後統計上の項目に何を使うかが問題となる。

公民館の施設は、会議室・講義室、談話室、図書室、児童室、展示室、実験実習室、視聴覚室、体育・レクリエーション室、体育館・講堂、ホール、託児室、相談室、事務室・管理室を含んでいる。

⑵ 公民館の事業

公民館の社会教育事業実施状況は、学級・講座と講演会、文化・体育事業等とに大別できる。前者の学級・講座は、一定期間にわたって組織的、継続的に行われる集団的学習形態のものである。後者の講演会、文化・体育事業は、組織的、継続的に行われない、単発的な事業である。

2013 年（平成 23 年）度に、公民館が実施した学級・講座数は、375,934 件であり、受講者数は、10,450,093 人である（注 6)。公民館の開館時刻は、8 時から 10 時前が最も多く、閉館時刻は 17 時から 18 時前、21 時から 23 時前が多い。また、日曜日及び祝日に開館した公民館は、14,170 館の中の 9,862 館である。開館・閉館時刻を長めに設定することや日曜日及び祝日に開館することは、利用者の利便性を図るためと推測できる。

学級・講座数を学習内容別に見ると、「教養の向上」が 25,694 件である。「趣味・けいこごと」は、167,673 件であり、一番多く実施されている。そして、「体育・レクリエーション」が 66,328 件である。「家庭教育・家庭生活」が 74,725 件である。「職業知識・技術の向上」は 3,650 件である。「市民意識・社会連帯意識」が 27,909 件である。「指導者養成」が 2,555 件である。

次に、講習会・講演会・実習会、体育事業、文化事業について、2013 年（平成 23 年）度に開催または共催した公民館は、14,170 館の中の 10,712 館である（注 7)。主催した事業について、講習会・講演会・実習会の実施館数は、6,147 館であり、実施件数は、79,563 件であり、参加者数は、3,268,622 人である。体育事業の実施館数は、4,634 館であり、実施件数は、18,766 件であり、参加者数は、2,356,984 人である。文化事業の実施館数は、8,764 館であり、実施件数は、37,430 件であり、参加者数は、5,570,180 人である。共催した事業については、講習会・講演会・実習会の実施館数は、3,740 館であり、実施件数は、23,179 件であり、参加者数は、1,671,512 人である。体育事業の実施館数は、3,789 館であり、実施件数は、14,917 件であり、参加者数は、2,496,423 人である。文化事業の実施館数は、4,409 館であり、実施件数は、16,087 件であり、参加者数は、5,097,073 人である。

(3) 公民館の職員

公民館の職員は、館長と主事である。主事については、1959 年（昭和 34 年）の法改正によって、置くことができるようになった。社会教育法第 27 条は、次のように規定している。

「公民館に館長を置き、主事その他必要な職員を置くことができる。
2　館長は、公民館の行う各種の事業の企画実施その他必要な事務を行い、所属職員を監督する。
3　主事は、館長の命を受け、公民館の事業の実施にあたる。」

この規定によれば、主事は必ず「置くべき」ものではなく、「置くことができる」ものである。このことが公民館の充実を妨げる要因のひとつとなっている。公民館を充実するためには、主事も、必ず置くようにすべきである。

社会教育法は、主事の資格について規定していない。1959 年（昭和 34 年）の「公民館の設置及び運営に関する基準」第 5 条は、館長と主事の資格を次のように規定していた。

「公民館には、専任の館長及び主事を置き、公民館の規模及び活動状況に応じて主事の数を増加するように努めるものとする。
2　公民館の館長及び主事は、社会教育に関し識見と経験を有し、かつ公民館の事業に関する専門的な知識と技術を有する者をもって充てるように努めるものとする。」

また、2003年（平成15年）の「公民館の設置及び運営に関する基準」第8条は、館長と主事の資格を次のように規定している。

「公民館に館長を置き、公民館の規模及び活動状況に応じて主事その他必要な職員を置くよう努めるものとする。

2　公民館の館長及び主事には、社会教育に関する識見と経験を有し、かつ公民館の事業に関する専門的な知識及び技術を有する者をもって充てるよう努めるものとする。

3　公民館の設置者は、館長、主事その他職員の資質及び能力の向上を図るため、研修の機会の充実に努めるものとする。」

このように規定されても、館長及び主事が持つべき「専門的な知識と技術」の中身は、明らかではない。この中身を法律によって、しっかりと規定する必要がある。最近では、地方自治体の条例で、主事の設置と資格要件を定めることが多くなっている。公民館の主事については、専任職員として任命することが望ましいけれども、当分の間は、社会教育主事等に兼任させることが、社会教育局長の通達によって示されている。

公民館の館長及び主事の規定は、社会教育主事と比較すると、不十分である。社会教育主事は、都道府県及び市町村の教育委員会の事務局に置くことが必要な専門的職員である。

社会教育主事は、「社会教育を行う者に専門的技術的な助言と指導を与える」（社会教育法第9条の三）ものである。この社会教育主事の資格は、社会教育法第9条の四によって明確に規定されている。

「左の各号のいずれかに該当するものは、社会教育主事となる資格を有する。

一　大学に二年以上在学して、六十二単位以上を修得し、又は高等専門学校を卒業し、かつ、次に掲げる期間を通算した期間が三年以上になる者で、次条の規定による社会教育主事の講習を修了したもの

イ　社会教育主事補の職にあった期間

ロ　官公署、学校、社会教育施設又は社会教育関係団体における職で司書、学芸員その他の社会教育主事補の職と同等以上の職として文部科学大臣の指定するものにあった機関

ハ　官公署、学校、社会教育施設又は社会教育関係団体が実施する

社会教育に関係のある事業における業務であって、社会教育主事として必要な知識又は技能の習得に資するものとして文部科学大臣が指定するものに従事した期間 （イ又はロに掲げる期間に該当する期間を除く。）

二　教育職員の普通免許状を有し、かつ、五年以上文部科学大臣の指定する教育に関する職にあった者で、次条の規定による社会教育主事の講習を修了したもの

三　大学に二年以上在学して、六十二単位を修得し、かつ、大学において文部科学省令で定める社会教育に関する科目の単位を修得した者で、第一号イからハまでに掲げる期間を通算した期間が一年以上になるもの

四　次条の規定による社会教育主事の講習を修了した者 （第一号及び第二号に掲げる者を除く。） で、社会教育に関する専門的事項について前三号に掲げる者に相当する教養と経験があると都道府県の教育委員会が　認定したもの」

この中の第 4 号については、第 1 号から第 3 号までと比べて、性格が異なっている。第 1 号から第 3 号までは、大学における養成を基礎としている。しかし、第 4 号は、社会教育主事の講習を基礎としている。両者の間には、明らかに違いが存在する。

このような社会教育主事と比較すると、公民館の主事は、その基盤が弱い。公民館を充実しようとすれば、主事の資格を明確に規定する必要がある。

公民館の職員数は、46,341 人である (注 8)。専任の職員数は、8,611 人、兼任は 9,689 人、非常勤は 24,654 人である。職名別に見ると、専任の館長・分館長が、1,709 人であり、専任の公民館主事は、4,093 人であり、事務職員や技術職員などのその他の職員は、2,809 人である。兼任の館長・分館長が、3,198 人であり、兼任の公民館主事は、2,830 人であり、兼任のその他の職員は 3,661 人である。非常勤の館長・分館長が 8,495 人であり、非常勤の公民館主事は、6,157 人であり、非常勤のその他の職員は、10,002 人である。

公民館の職員については、充実しているとは言えない。館長・分館長

については、非常勤の割合が大きく、専任の割合が小さいことが分かる。専任の公民館主事は、人数が少ない。公民館の規模が小さいからといって、館長及び主事を置かなくてよいことにはならない。

4　公民館の課題

公民館の直面している課題として、次のことを指摘することができる。第１に、公民館の数はおよそ１万４千館であり、小学校の数には及ばないけれども、相当数の規模を誇っている。今後、未設置の地域に公民館を新設することは、必要である。しかし、公民館の数は、急激には増加しないであろう。公民館を新設するための財源が不足しているからである。また、単独の施設として公民館を設置するよりも、他の施設との複合施設として設置することが多くなるであろう。

問題は、公民館の数よりも、公民館の建物や広さである。公民館が古くなれば、立て替えが必要となってくる。公民館の立て替えには財源が必要であり、地域の住民にも負担があるかもしれない。また、既存の公民館の広さは、不十分である。特に、分館は小規模であり、本館と比べても、見劣りがする。公民館の広さが十分でないと、図書室、資料の展示室などのスペースを確保できなくなる。すると、地域の住民が、公民館へ足を運ばなくなる。地域の住民が利用しやすい環境を整えることが大切である。

第２に、公民館の職員が不足している。まず、館長及び主事を置くことが義務付けられていない。次に、主事の資格が規定されていない。公民館が小規模であることを想定して、あいまいな規定になったのかもしれない。しかし、公民館を充実するためには、生涯学習に関する専門的知識と技術をもった職員が不可欠である。

公民館の存在理由のひとつは、地域住民が集まることのできる場を提供することである。しかし、場を提供することだけが、公民館の唯一の役割ではない。地域の住民に学習の機会を提供することも、重要な役割である。あるいは、文化活動やスポーツ活動を組織することも、公民館の役割である。公民館を運営するためには、館長及び主事が率先して活動しなければならない。リーダーシップを発揮できる人材が求められている。退職教員の力を借りるのも、ひとつの方法である。地域において、有能な人材を発掘するのも、よい方法である。

第３に、公民館が提供する事業内容を評価し、改善していくシステムが必要である。ほとんどの公民館では、単年度ごとに事業内容を計画している。この事業内容を評価するシステムが、存在していない。たいていの場合、前年度と同じ事業内容になりがちである。

そこには、評価するという考えが、入っていない。もし前年の事業内容が地域の住民に好評であれば、次年度も同じ事業内容を提供してもよい。しかし、もし好評でなければ、前年度の事業内容を見直すべきである。あるいは、地域の住民から、新たに要望が出れば、その要望に沿うことも検討すべきである。公民館の事業内容を評価するという観点を導入すべきである。

第４に、公民館と公民館の間のネットワークをつくるべきである。情報化は、教育を方向付ける原則のひとつである。公民館にも、情報化を進めるべきである。少なくとも、市町村内の公民館を結ぶネットワークが必要である。できれば、県単位の情報ネットワークがほしい。情報ネットワークができれば、他の公民館の事業内容を知ることができる。さらに、学校、博物館などの他の施設の情報を得ることも可能である。公民館が学習情報を提供するためには、ネットワーク化を進めるべきである。

ネットワークについては、第15期中央教育審議会第一次答申が、地域教育連絡協議会や地域教育活性化センターの設置を提案している。この地域教育連絡協議会は、「地域の人々の意向を反映しつつ、地域社会における学校外の様々な活動の充実について連絡・協議を行い、ネットワークづくりを進める」ことを目指している。この協議会は、市町村教育委員会等が中心となって、ＰＴＡ、青少年団体、地元企業、地域の様々な機関・団体や学校などが参加するものである。

そして、地域教育活性化センターの設置が提唱されている。このセンターは、「自ら地域社会における活動に関する事業を行ったり、各種の情報提供や相談活動、指導者やボランティアの登録、紹介などを行う」ことを目指している。

公民館は、地域教育連絡協議会や地域教育活性化センターを設置する時に、大きな役割を果たすであろう。公民館を抜きにして、地域の教育活動は活性化しない。公民館活動の再構築が望まれる。

注

⑴ 小林文人（編）、『公民館・図書館・博物館』（亜紀書房、1984年）106-107ページ。

⑵ 以下の記述は、下記を参照した。

社会教育推進全国協議会（編）、『新版　社会教育・生涯学習ハンドブック』（エイデル研究所、1995年）　220-226ページ。

大堀哲、斎藤慶三郎、村田文生、『生涯学習と開かれた施設活動』（学文社、1996年）　46-50ページ。

⑶ 文部科学省、『平成23年度　社会教育調査報告書』（日経印刷、2013年）　98-99ページ。

⑷　同上、103ページ。

⑸　同上、 12-125ページ。

⑹　同上、 156-160ページ。

⑺　同上、162-163ページ。

⑻　同上、104-105ページ。

第6章　生涯学習と生涯発達

生涯学習は、人間の誕生から死に至るまでに行われる学習である。学習が成長をもたらすと考えれば、人間は生涯を通じて成長していく。青少年だけではなく、成人や高齢者も、学習によって成長するのである。

人間の一生を区分しようとすれば、発達段階に注目するのが適切である。発達段階とは、克服すべき発達課題によって設定されたものである。発達段階を用いると、人間の一生をいくつかの時期に分類することができる。ライフサイクルやライフコースは、発達段階を設定して人間の一生を概観する理論的な枠組みである。ライフサイクルは人間の生涯にわたる発達を意味しており、ライフコースは「個人の一生の社会学的研究」(注 1) を意味している。また、エイジングは、成人期以降の発達に焦点を当てている。

本章では、人間の生涯発達を概観し、発達段階の教育的意味を探究する。第1に、R・J・ハヴィガースト (R.J.Havighurst)、E・H・エリクソン (E.H.Erikson)、D・レビンソン (D.Levinson)、L・コールバーグ (L.Kohlberg) の発達段階を検討する。第2に、発達段階を理解する時の留意点を指摘する。第3に、発達段階が教育にとってどのような意味を持つかを述べる。

1　R・J・ハヴィガーストの発達課題

(1) 発達課題という概念

発達課題という概念は、R・J・ハヴィガーストによって主張され、その後、教育、心理学、社会学の分野で広がっていった。ハヴィガーストは、人間の一生を通じての発達を分析している。すなわち、人間の一生は、幼児期、児童期、青年期、壮年期、老年期に区分され、それぞれの時期における発達課題を明らかにしている。ハヴィガーストの著書は 1953 年 (昭和 28 年) に出版されており、生涯教育の考え方はまだ出現していなかった。

発達課題は、ハヴィガーストによって、次のように規定されている。

「発達課題は、個人の生涯にめぐりくるいろいろの時期に生ずるもので、その課題をりっぱに成就すれば、個人は幸福になり、その後の課題も成功するが、失敗すれば個人は不幸になり、社会で認められず、その後の課題の達成も困難になってくる。」（注2）

発達課題は、一里塚のようなものであり、人間の誕生から死に至るまでの人生において、誰でも出会う課題なのである。しかし、発達課題の達成に「失敗すれば個人は不幸に」なることは、言い過ぎである。たとえば、読み・書き・計算能力の習得について、大学生の一部は分数の計算ができないと報告されている。分数のできない大学生は、それほど「不幸」ではない。現在の制度では、分数計算ができなくても、大学に入学できる。問題は、発達課題の中身である。人間として生きていくためには、どの程度の計算能力が必要なのか。この問いを考えなければならない。

ハヴィガーストによれば、発達課題の起源は、第1に、身体的成熟であり、歩行の学習、異性が気に入るように振る舞うことが含まれる。第2に、個人に対する社会の文化的圧力であり、読むことの学習、社会的に責任のある市民として社会に参加する学習が含まれる。第3に、人格の欲求や抱負や価値であり、職業の選択や準備、価値の尺度、人生観を形成することを含んでいる（注3）。

これらの中の第1の身体的成熟は、時代によって多少早まることはあっても、だいたい一定している。1953年（昭和28年）当時と現在を比べても、人間が歩行できるようになる月齢や年齢は、それほど変わっていない。しかし、第2と第3については、時代が変わり、社会が変わると、その中身も大きく変化する。現在の日本において、社会の文化的圧力は、読むことの学習はもちろん、聞いて話す学習も必要とするようになっている。他の人の話を聞いて、自分の意見を人前で発表することが重視されるようになったのである。また、敬語を使えない若者が増えている。従来、年長者を大切にするという風潮があり、敬語を使っていた。現在では、「タメロ」といって、友人のような口の聞き方をする若者が増えてきた。社会の文化的圧力も変化し、個人の価値の尺度も変化しているのである。

⑵ 各段階における発達課題

ハヴィガーストは、次のように発達課題を設定している（注4)。発達課題は発達段階ごとに設定され、それぞれの発達段階ごとに複数の発達課題が示されている。

幼児期の発達課題（6歳以前）

① 歩行の学習
② 固形の食物をとることの学習
③ 話すことの学習
④ 排泄の仕方を学ぶこと
⑤ 性の相違を知り性に対する慎みを学ぶこと
⑥ 生理的安定を得ること
⑦ 社会や事物についての単純な概念を形成すること
⑧ 両親や兄弟姉妹や他人と情緒的に結びつくこと
⑨ 善悪を区別することの学習と良心を発達させること

児童期の発達課題（6歳から12歳まで）

① 普通の遊戯に必要な身体的技能の学習
② 成長する生活体としての自己に対する健全な態度を養うこと
③ 友達と仲よくすること
④ 男子として、また女子としての社会的役割を学ぶこと
⑤ 読み・書き・計算の基礎的能力を発達させること
⑥ 日常生活に必要な概念を発達させること
⑦ 良心・道徳性・価値判断の尺度を発達させること
⑧ 人格の独立性を達成すること
⑨ 社会の諸機関や諸集団に対する社会的態度を発達させること

青年期の発達課題（12歳から18歳まで）

仲間集団の発達

① 同年齢の男女との洗練された新しい交際を学ぶこと
② 男性として、または女性としての社会的役割を学ぶこと

独立性の発達

① 自分の身体の構造を理解し、身体を有効に使うこと
② 両親や他の大人から情緒的に独立すること

③　経済的な自立について自信をもつこと
④　職業を選択し準備すること
⑤　結婚と家庭生活の準備をすること
⑥　市民として必要な知識と態度を発達させること
　人生観の発達
①　社会的に責任のある行動を求め、そしてそれをなしとげること
②　行動の指針としての価値や倫理の体系を学ぶこと

壮年初期の発達課題（18歳から30歳まで）

①　配偶者を選ぶこと
②　配偶者との生活を学ぶこと
③　第一子を生活に加えること
④　子供を育てること
⑤　家庭を管理すること
⑥　職業に就くこと
⑦　市民的責任を負うこと
⑧　適した社会集団を見つけること

中年期の発達課題（30歳から55歳まで）

①　大人としての市民的・社会的責任を達成すること
②　一定の経済的生活水準を築き、それを維持すること
③　10代の子供たちが信頼できる幸福な大人になれるよう助けること
④　大人の余暇活動を充実すること
⑤　自分と配偶者とが人間として結びつくこと
⑥　中年期の生理的変化を受け入れ、それに適応すること
⑦　年老いた両親に適応すること

老年期の発達課題（55歳以降）

①　肉体的な力と健康の衰退に適応すること
②　隠退と収入の減少に適応すること
③　配偶者の死に適応すること
④　自分の年ごろの人々と明るい親密な関係を結ぶこと
⑤　社会的・市民的義務を引き受けること

⑥　肉体的な生活を満足におくれるように準備すること

(3) 発達課題の検討

ハヴィガーストが設定して発達課題については、次のような問題点を指摘することができる。第１に、児童期以前の発達段階を幼児期としており、乳児期との区別をしていない。ハヴィガーストによれば、子どもは、生後９か月から15か月までの間に、歩く用意ができている。少なくとも、生後12か月の子どもは、乳児期と呼ぶのが適切である。児童福祉法第４条における児童の定義の中で、乳児は、「満一歳に満たない者」と規定されている。「満一歳に満たない」乳児も、発達課題を持っている。乳児は、ただ眠っているだけの存在ではないことを理解すべきである。せめて、乳児期を意識した上で、乳幼児期として一括して発達段階を設定すべきであった。

第２に、青年期が、他の発達段階に比べて、大きな割合を占めている。青年期では、発達課題の数が、一番多く設定されている。青年期も重要であることは間違いない。しかし、児童期、老年期なども、同じように重要なはずである。児童期を充実して過ごさなければ、有意義な青年期をおくることはできない。さらに、高齢社会を迎えて、退職してから後の期間が長くなった。20 年前後の老年期をどのように過ごすか。これは、小さい問題ではない。

第３に、壮年初期には、配偶者を選ぶことが、発達課題として設定されている。しかし、価値観が多様化した現代では、配偶者を選ばない選択肢も存在している。入籍をしないで、同棲するカップルもいる。子どもを持たないＤＩＮＫＳという選択肢もある。ハヴィガーストの設定した発達課題は、1953 年（昭和 28 年）当時のアメリカの中産階層の価値を具体化している。現在では、生活スタイルの選択肢は、確実に増えている。

2　Ｅ・Ｈ・エリクソンのライフサイクル論

Ｅ・Ｈ・エリクソンは、心理・社会的発達の観点から人間の生涯を特徴付けている。誕生から死に至るまでの人間の一生は、心理・社会的発達の一定の段階を経るのである。エリクソンは精神分析における従来の心理・性的アプローチに対して、心理・社会的アプローチを主張し、その補完的な意味を明らかにしている。これらのアプローチと自我の分析によって、発達段階を定式化したのである。それぞれの発達段階は、心理・社会的危機の状態であり、人間は、それを克服することを通して成長していく。

エリクソンによれば、人間の一生は、乳児期、幼児期初期、遊戯期、学童期、青年期、前成人期、成人期、老年期に区分できる。それぞれの発達段階は、希望、意志、目的、適格、忠誠、愛、世話、英知という用語によって特徴付けられている。これらは、人生段階における同調傾向と失調傾向の葛藤から現れる心理・社会的な強さを表している。希望は基本的信頼対基本的不信、意志は自律性対恥・疑惑、目的は自律性対罪悪感、適格は勤勉性対劣等感、忠誠は同一性対同一性混乱、愛は親密対孤立、世話は生殖性対停滞、英知は統合対絶望・嫌悪の対立の中から現れる。対比される２つの特徴は、相補性を持っていると同時に、「逆の」という意味も込められている（注 5)。発達段階は、直線的に並べられてはいない。高次の発達段階に進むと、低次の発達段階は新しい意味を持つようになる。

エリクソンが提示した発達段階は、心理学における発達段階として注目されており、現在の生涯発達の理論はその延長線上に位置付けることができる。エリクソンの発達段階は、次のような特徴を持っている。第１に、人間の一生にわたる発達段階の区分が８つに達しており、詳細な区分となっている。第２に、自我の発達だけではなく、社会的な観点を取り入れている。自我は社会との相互作用によって発達することが意識されている。第３に、発達段階の心理・社会的危機が克服されるべきものとして提示されている。

ただ、使用されている用語がわかりにくく、発達段階の特徴が明確になっていない。たとえば、青年期を「忠誠」という用語で特徴付けても、理解しにくい。「忠誠」よりも、「同一性の獲得」の方が、青年期を分かりやすく特徴付けているであろう。

3　D・レビンソンの人生の四季

(1) ライフサイクル論

D・レビンソンは、ライフサイクルという用語の基本的な意味を２つ取り上げている（注6）。第１に、出発点（誕生、始まり）から終了点（死亡、終わり）までの過程または旅という考え方がある。ライフサイクルは、人によって、文化によって多様であるけれども、人間が生まれてから老いるまでの旅には、共通の一定のパターンがある。この旅は、一定の順序で進む。

第２に、ライフサイクルを一連の時期または段階に分けて捉える「季節」という考え方がある。人生は質的に異なる季節から構成され、それぞれの季節は独自の性格を持っている。一年に四季があるように、ライフサイクルにも四季がある。季節を導入することによって、人生が一連の段階を経て展開することが理解できる。

レビンソンの関心は、成人期に向けられており、成人前期と中年期の発達を分析している。レビンソンは、理論的に仮説を組み立て、検証するのではなく、面接調査を実施し、その調査結果を分析するという方法を採用した。面接調査の対象は、35歳から45歳までの男性である。サンプルは40人であり、職業別に10人ずつ、4つのグループに分けられた。職業グループは、工場の労働者、企業の管理職、大学の生物学者、小説家である。職業によって、サンプルの選択方法が多少異なっている。サンプルとして選ばれた40人は、出身階級、人種的・民族的・宗教的背景、教育水準、結婚経験の有無の点で、たいへん多様性に富んでいる。

(2) 発達段階の特徴

レビンソンは、面接調査の結果、4つの発達段階を設定している。

①　児童期と青年期　0〜22歳
②　成人前期　17〜45歳
③　中年期　40〜65歳
④　老年期　60歳以降（注7）

この中の成人前期と中年期は、さらに、次のように区分されている。

①　成人への過渡期：未成年期から成人前期への移行（17〜22歳）

この時期の発達課題は、未成年時代の世界から離れはじめることと、おとなの世界への第一歩を踏み出すことである。
② 成人期最初の生活構造：おとなの世界へ入る時期（22〜28歳）
発達課題は、大切な自己とおとなの社会との間をつなぐ働きをする仮の生活構造を形作ることである。つまり、おとなの生活への可能性を模索することと、安定した生活構造を作り上げることである。
③ 30歳の過渡期：成人期最初の生活構造を変える（28〜33歳）
この過渡期は、成人期に入って最初に築いた生活構造の持つ欠陥と限界を解決し、成人前期をまっとうするためのもっと満足の行く生活を築く土台を作り上げる機会を与える。
④ 成人期第2の生活構造：一家を構える時期（33〜40歳）
この時期の発達課題は、社会に自分の適所を確立しようとすることと、成功を目指して努力することである。30歳代前半までは、「新米の」おとなだったけれども、この時期では、自分の属する社会でもっと一人前のおとなになることが課題となる。
⑤ 人生半ばの過渡期：成人前期から中年への移行（40〜45歳）
この時期に入ると、それまでの生活構造に再び疑問を抱くようになり、自分の実際の欲望、価値観、才能、野心を発揮できるような生活を切望する。
⑥ 中年に入る時期：新しい生活構造を築く（45〜50歳）
この時期では、新たに選択を行って、新しい生活構造を作り上げなければならない。
⑦ 50歳の過渡期（50〜55歳）
「人生半ばの過渡期」の課題をさらに実行し、40歳代半ばに作り上げた生活を修正する。
⑧ 中年期第2の生活構造：安定期（55〜60歳）
中年期第2の生活構造を作り上げる。これが中年期を完結する力となる。
⑨ 老年への過渡期（60〜65歳）
課題は、中年期の奮闘に終わりを告げ、来たるべき老年期を迎える準備をすることである（注8）。

レビンソンが設定した発達段階は、2 つの特徴を持っている。第 1 に、成人期を成人前期と中年期に区分したことである。従来の発達段階説では、成人期はそれほど発達が顕著でない時期であり、成人期の中で質的に異なる段階は認められなかった。レビンソンは、面接調査の結果から、40 歳台に特徴的な質的変化が起きることを結論づけた。レビンソンの関心は成人期に向けられており、成人期が詳細に分析されている。

第 2 に、各発達段階に、重複する部分を認めたことである。レビンソンによれば、各発達段階の境界が決まっていて、はっきりとその年齢で区分できるものではない。各発達段階の開始年齢と終了年齢は、最も多い平均的なものである。たとえば、児童期と青年期は、22 歳までである。成人前期は、17 歳から始まり、児童期と青年期と 5 年間重複している。

しかし、老年期を 60 歳以降としたことには、疑問が残る。現在では、60 歳を過ぎても、身体的にも精神的にも元気な人が多く見受けられる。平均寿命が延びるにつれて、老年期の開始も遅くなっている。70 歳を過ぎれば老年期と呼んでも、問題はない。60 歳から 70 歳のまでの人については、発達段階の呼び方を工夫すべきである。

4　L・コールバーグの道徳の発達段階

(1) 道徳の発達段階

L・コールバーグは、仮説的な道徳的ジレンマを被験者に提示して、被験者の道徳的理由付けを分析している。道徳的ジレンマとして、「ジョーのキャンプ」、「ジュディーのロックコンサート」、「ハインツのジレンマ」、「安楽死」が考案されている。一番有名な道徳的ジレンマは、「ハインツのジレンマ」である。その内容は、ガンになった妻を救うため、夫であるハインツが薬を開発した薬屋に盗みにはいるべきかを問うものである。

道徳的ジレンマは、被験者の青少年に面接して提示された。被験者の青少年は、文化横断的な研究をするため、世界各国の中から選ばれた。すなわち、中産・労働者階級出身のシカゴ地区の 50 人の少年の 20 年研究を実施した。はじめは、10 歳から 16 歳に面接し、次に、3 年ごとに面接した。次に、同年齢のトルコの田舎や都市の少年の６年間の縦断的研究を実施した。そして、カナダ、イギリス、イスラエル、トルコ、台湾、ユカタン（メキシコ）、ホンジュラス、インドにおける文化横断的研究を実施した。このような文化横断的な研究の結果、道徳の発達段階が文化的に普遍であることが主張されている。すなわち、どの文化のどの青少年も、道徳の同じ発達段階を進み、その段階の順序は一定不変であることが主張されている。　コールバーグは、道徳の発達段階を次のように設定している。

Ⅰ　慣習以前のレベル

第１段階　罰と服従志向

第２段階　道具主義的相対主義者志向

Ⅱ　慣習的レベル

第３段階　対人関係の調和あるいは「良い子」志向

第４段階　「法と秩序」志向

Ⅲ　慣習以後の自律的、原理的レベル

第５段階　社会契約的遵法主義志向

第６段階　普遍的な倫理的原理志向（注９）

この発達段階については、すべての者が第６段階まで進むわけではないことに注意すべきである。おとなになっても、第１段階にとどまっていることがある。日本では、第３段階と第４段階の者が多い。もし発達が刺激され、発達段階を移行していけば、第６段階に至るという意味で、道徳の発達段階が設定されている。

コールバーグが提示した道徳の発達段階は、Ｊ・ピアジェ（J.Piaget）の影響を受けており、次の特徴を持っている。第１に、道徳の発達段階は、構造化された全体を示している。その全体は、多様な、表面的には異なる反応を統一する深い構造や組織を意味している。それは特定の状況に向かう態度ではなく、思考の方法全体を規定している。このことは、青少年が道徳の発達段階において、終始一貫していることを意味する。認知的側面で第６段階の者は、動機的側面でも第６段階を示すのである。

第２に、道徳の発達段階は、不変の連続を示している。すべての青少年は、それぞれの段階を通っていく。６段階のひとつひとつを登っていき、第１段階から第３段階に飛ぶことはない。あらゆる条件のもとで、段階の移行は上昇的である。第 1 段階から出発し、最終的には、第 6 段階に向かうのである。その移行は、決して後退しない。青少年は異なる速度で段階を移行し、どの段階で止まるのも可能である。しかし、上昇し続けるなら、最終的には第６段階に到達するであろう。

第３に、道徳の発達段階は、階層的統合をなしている。高次の段階は、高次のレベルで際統合される要素として、低次の段階を論理的に含むのである。第３段階は第２段階を含意しており、いずれは第４段階に含意されていく。分化と統合によって、低次の段階は高次の段階に取り入れられていくのである。低次の段階は、青少年が受け入れやすく、理解もしやすい。しかし、低次の段階より高次の段階が、青少年によって好まれている。

(2) 発達段階の検討

このような道徳の発達段階は、次のような問題点を持っている。第１に、コールバーグは、事実としての発達段階と当為としての発達段階を区別していない。もし事実としての発達段階を主張したいなら、青少年の発達段階を刺激する必要はない。なぜなら、その発達段階は、青少年のあるがままの状態を記述したものだからである。一方、当為としての発達段階を主張すると、その理由付けが問題となってくる。なぜ発達段階を刺激して、段階を上昇させるのが望ましいか。この問題に答えなければならない。

第２に、道徳の発達段階が高次になるほど望ましいことが、十分に説明されていない。コールバーグの説明によれば、道徳の発達段階は、分化と統合によって一層均衡したものになっていく。高次の段階は低次の段階を含み、青少年は高次の段階を好む。しかし、この説明では、高次の段階の望ましさを証明したことにはならない。もし青少年の「好む」ことから「望ましさ」を導くなら、コールバーグは自然主義的誤謬に陥ることになる。好むという事実から望ましさを引き出すことはできない。

第３に、道徳の発達段階において、第６段階が十分裏付けられていない。第６段階に達した者の例として、コールバーグ自身、マーチン・ルーサー・キング（Martin Luther King）、ひとりの大学院生の３人が挙げられている。一方、毒杯をあおいだソクラテスは、第５段階に位置付けられている。これらのことから、第６段階の実例は、現実には極めて少ないことが指摘できる。したがって、第６段階は経験的に確証されているのではなく、理論的な構成物と考える方が適切である。コールバーグも、第6段階を第5段階に含めるように、自分の理論を修正している。

5　発達段階の留意点

発達段階は、ある特定の観点から設定されたものである。R・ハヴィガーストは、教育的な観点から発達課題を設定した。E・H・エリクソンは、誕生から死に至るまでの心理・社会的発達の観点から、発達段階を設定した。D・レビンソンは、35歳から45歳までの成人の発達の観点から、ライフサイクルを設定した。L・コールバーグは、道徳の認知的発達の観点から、発達段階を設定した。

これらの発達段階を理解する時には、次のことに留意しなくてはならない。第１に、個人のレベルでは、発達の程度にかなりの差異が見られることに留意しなければならない。設定された発達段階は、おおまかな公約数である。すべての者は、乳幼児期、少年期、青年期、成人期、老年期という段階を経る。しかし、それぞれの段階を十分生きたかどうかについては、個人差がある。また、成人期や老年期の開始についても、人によってかなり差異があり得る。D・レビンソンによれば、児童期と青年期は22歳で終わり、成人期は17歳から始まる。いつから成人になるかは、むずかしい問題である。アイデンティテイが確立した時期、職業に就いた時期を成人期とみなしても、年齢の特定はむずかしい。22歳になっても、アイデンティティが確立していない若者は、存在するのである。

第２に、発達課題は、時代や社会の変化に応じて変質することに留意しなければならない。たとえば、成人期において、安定した職業に就くことが課題のひとつである。従来の考え方では、学校を卒業すると、定職に就いていた。しかし、最近では、学校を卒業しても、定職に就かないで、アルバイトをして生活する若者が増えてきた。いわゆるフリーターである。『平成25年版子ども・若者白書』(注10) によれば、フリーターとは、「仕事の形態が『パート・アルバイト』」の人である。15〜34歳のフリーターは180万人であり、15〜34歳人口に占める割合は6.6%である。とくに、25〜34歳の年長フリーターの数が増えている。

第3に、学校教育の変化に対応して、発達課題も変わること留意しなければならない。児童期と青年期においては、学校教育に関する発達課題が存在している。教師や友人と良好な人間関係を結ぶことを、発達課題のひとつに加えるべきである。高校生では、進学と就職のどちらを選ぶかも、発達課題となる。高等教育については、ユニバーサル化が進み、2014年(平成26年)度の大学と短期大学への進学率は53.9%である(注11)。大学や短期大学を卒業することはもちろん、アルバイトをすること、サークル活動をすることも、発達課題となる。アルバイトをすることは、職業に対する意識を高め、サークル活動をすることは、人間関係を学ぶことになる。大学や短期大学は、教養や学問を身に付ける場であるとともに、多くのことを学習する場なのである。

6　発達段階と教育

人間の一生にわたる発達段階を理解することは、教育にとってどのような意味を持つのであろうか。第1に、発達段階の理解は、教育目標を設定する時の指針となる。たとえば、幼児期の発達課題のひとつとして、話すことの学習がある。話すためには、発声器官が発達していなければならない。そして、話すためには、聞くことも学習しなければならない。話すことは言葉を習得することであり、意識的に指導する必要がある。そのままにしておいては、話すようにならない。教育目標を設定し、意図的に教えないと、話すことを学習しないのである。

R・J・ハヴィガーストは、発達課題の概念が、教育にとって2つの点で役に立つことを主張し、「教育の適時」を指摘している。役に立つことのひとつは、学校における教育目標を発見し設定することを助けることである。もうひとつは、教育的努力をはらうべき時期を示すことである。教育の適時とは、「身体が成熟し、社会が要求し、そして自我が一定の課題を達成しようとする時」(注12) のことである。

学習の準備ができていることを「レディネス」と呼んでいる。教育の適時は、このレディネスのことである。ハヴィガーストの発達課題の概念は、古いタイプのレディネスに基づいている。身体が成熟するのを待って、教育するのである。確かに、歩行の学習のように、身体が成熟しないと、教育してもあまり効果は生まないものもある。また、トイレット・トレーニングのように、筋肉の発達を待たないといけないものもある。

しかし、知的な分野では、待ってはいられない。知的な分野では、レディネスがあるかどうかがはっきりしないのである。以前には、小学校の入学時には、自分の名前が読めて書ければよかった。そして、名前を呼ばれた時、大きな声で返事ができればよかった。現在では、それだけでは、不十分である。ひらがなは読めて書けることが要求されるし、数字を覚えるだけではなく、簡単な計算もできるくらいの能力が要求されている。身体□の成熟を待っていては、遅いのである。

レディネスについては、J・S・ブルーナー（J.S.Bruner）の仮説が、問題を提起している。この仮説は、次のように定式化されている。

「どの教科でも、何らかの知的に率直な形で、発達のどの段階のどの子どもにも効果に教えることができる。」（注 13）

この仮説に従えば、小学生でも、教え方によっては二次方程式を理解できるようになる。ブルーナーの新しいレディネスの考え方は、発達課題の概念に変化をもたらしている。たとえば、読み・書き・計算は、児童期を待たなくても教えることができるようになる。ブルーナーの考え方は、教育内容さらには教育目標の見直しを要求する。

第 2 に、発達段階の理解は、教育課程を編成する時の枠組みのひとつになる。教育課程は、学校教育の目的や目標を達成するために、教育内容を選択し配列した教育計画である。この教育課程を編成する時には、範囲（スコープ）と系列（シーケンス）を決定しなければならない。範囲とは、児童・生徒が学習する知識や経験の広がりをどの程度に限定するかを示した横断的視点である。このような範囲は、教育内容を選択することにかかわっている。そして、系列とは、知識や経験を児童・生徒に提示する順序を示した縦断的視点である。このような系列は、教育内容の配列にかかわっている。

教育内容の配列の仕方のひとつが、心理的系統性に従うことである。心理的系統性は、児童・生徒の発達段階を考慮することである。この考え方によれば、児童・生徒の発達段階に合わせて、教育内容を配列することになる。児童・生徒の発達段階を理解できれば、系列（シーケンス）が決定し、教育課程が編成できるようになる。

第3に、発達段階が解明されれば、各発達段階を十分生きることができ、見通しを持って次の発達段階に移行できるようになる。D・レビンソンによれば、成人への過渡期は17歳から22歳であり、成人前期が始まる。そして、人生半ばの過渡期は40歳から45歳であり、中年期が始まる。それぞれの時期において、生活構造が変わっていく。

成人への過渡期は、青年期に別れを告げ、おとなの世界へ入る時期である。成人前期は、ちょうど学校教育を終え、就職する時期である。一方で、学校教育を充実して過ごすことが大切である。もう一方で、就職に備えて準備を整えることも大切である。前もって次の発達段階を知ることができれば、ある程度準備することができる。

同様にして、人生半ばの過渡期は、成人前期から中年期に入る時期である。この時期では、今までの自分を問い直し、新たに生活構造を確立していく。そして、中年期に入った後にも、成長、衰退、変化が起きる。

成人前期から中年期になっても、波風のない、安定した生活を送るわけではない。さらに、老年期になっても、成長が止まるのではない。それぞれの発達段階において、直面する課題が存在し、成長や変化が生じるのである。できれば、成人前期や中年期、老年期に先立って、心の準備をし、次の発達段階を無事に乗り切るように工夫したい。

注

(1) 三沢謙一、天木志保美、落合恵美子、南育広、柳原佳子、『現代人のライフコース』（ミネルヴァ書房、1990年）序 iii ページ。

(2) R.J.Havighurst,Human Development and Education,1953.
　邦訳、R・J・ハヴィガースト、荘司雅子監訳、『人間の発達課題と教育』（玉川大学出版部、1995年）25ページ。

⑶ 同上、 27-28 ページ。
⑷ 同上、30-284 ページ。
⑸ E.H.Erikson,The Life Cycle Completed;A Review,1982.
邦訳、E・H・エリクソン、村瀬孝雄、近藤邦夫訳、『ライフサイクル、その完結』（みすず書房、1999 年）71 ページ。
⑹ D.Levinson,The Seasons of Life,1978.
邦訳、D・レビンソン、南博訳、『ライフサイクルの心理学』（上）（講談社、1997 年）25 ページ。
⑺ 同上、46 ページ。
⑻ 同上、 112-122 ページ。
⑼ L.Kohlberg and A.Higgins,Moral Stages and Moral Education.
L・コールバーグ、岩佐信道訳、『道徳性の発達と教育』（広池学園出版部、1987 年） 171-173 ページ。
⑽ 内閣府、『平成 25 年版　子ども・若者白書』(印刷通販、2014 年) 38 ページ。
⑾ 学校基本調査－平成 26 年度（確定値）結果の概要－、
http://www.mext.go.jp/b_menu/toukei/chousa01/kihon/kekka/k_detail/1354124.htm
⑿ R・J・ハヴィガースト、荘司雅子監訳、『人間の発達課題と教育』前掲書、28 ページ。
⒀ J.S.Bruner,The Process of Education.1961.
邦訳、J・S・ブルーナー、鈴木詳蔵、佐藤三郎訳、『教育の過程』（岩波書店、1970 年）42 ページ。ただし、訳語は一部修正した。

第７章　乳幼児の教育

乳幼児教育は、教育学の中でも未成熟な領域である。「乳幼児教育学」が体系化されるよりも、即戦力の幼稚園教諭・保育士を確保することに、主眼が置かれてきた。最近まで、幼稚園教諭・保育士は、その多くが短期大学において養成されてきた。現在では、幼稚園教諭・保育士に高度な資質や技量が要求され、四年制大学において、幼稚園教諭・保育士が養成されるようになってきた。幼稚園や保育所では、教科書を使わないで、保育を行っている。教科書が存在しないことは、幼稚園教諭・保育士の力量が問われることを意味している。乳幼児教育においては、かなり思いきったことができるはずである。

しかし、乳幼児教育の現状は、決して満足のいくものではない。乳幼児教育の保育内容は、あいかわらず行事中心である。職業としての保育職は、今では「きつい、厳しい」職業なのであり、私立の幼稚園や保育所では、待遇もそれほどよくない。このような現状をどのように改善すればよいのか。乳幼児教育の制度的な改善は、もちろん必要なことである。さらに大切なことは、乳幼児教育の中身を充実することである。

本章では、乳幼児教育を活性化するために、乳幼児教育の中心的な概念を検討する。第１に、教育目的とその背景にある前提を考察する。教育目的の歴史をたどり、比較する。そして、無意図的教育の重要性を指摘する。理想的人間像と人間観を分析する。第２に、保育の方法を取り上げる。自由保育のあいまいさを指摘する。そして、子どもの目の高さについて、検討する。第３に、子どもの可能性と開発説について、批判を加える。

1　教育目的とその前提

(1) 幼稚園の教育目的の変遷

わが国で最初に創設された幼稚園は、東京女子師範学校附属幼稚園である。1874 年（明治７年）度に女子教育の振興を目的として、東京女子師範学校が設置された、そして、1876 年（明治９年）11 月に、附属幼稚園が解説された。

1877年（明治10年）に、東京女子師範学校附属幼稚園規則が制定された。その第1条は、幼稚園開設の主旨を、次のように述べている。

「幼稚園開設ノ主旨ハ学齢未満ノ小児ヲシテ、天賦ノ知覚ヲ開達シ、固有ノ心思ヲ啓発シ身体ノ健全ヲ滋補シ交際ノ情ヲ暁知シ善良ノ言行ヲ慣熟セシムルニ在リ。」

附属幼稚園の入園資格は、満3年以上満6年以下とされており、教育時間は毎日4時間とされていた。

附属幼稚園開設の主旨は、明らかに幼稚園の教育目的を述べたものであると理解できる。そこでは、複数の教育目的が列挙されており、教育目的が詳しく述べられている。これらの教育目的は、現在の幼稚園に適用しても、不自然ではない。ここに、附属幼稚園の先見性を読み取ることができる。

幼稚園の教育目的は、1926年（大正15年）に、はじめて法律によって示された。当時の文部省は、文政審議会の答申に基づき、幼稚園令及び同施行規則を制定したのである。幼稚園令第1条は、幼稚園の教育目的を、次のように述べている。

「幼稚園ハ幼児ヲ保育シテ其ノ心身ヲ健全ニ発達セシメ善良ナル性情ヲ涵養シ家庭教育ヲ補フヲ以テ目的トス。」

この中では、「心身ヲ健全ニ発達」させることと「善良ナル性情ヲ涵養」することが、述べられている。特徴的なことは、幼稚園を「家庭教育ヲ補フ」ものであると位置付けたことである。この位置付けは、当時の社会状況と関連がある。子どもの教育は、家庭で行うことが当然と考えられていた。ここから、「家庭教育ヲ補フ」教育機関として、幼稚園が制度化されるようになった。

当時の幼稚園は家庭教育の補助的な役割を果たすものであり、教育の中心は家庭教育に置かれていた。幼稚園は、独自の機能を持つもの、独自の存在理由を持つものとして、みなされなかった。

第二次世界大戦後、1947年（昭和22年）に、学校教育法が制定された。この学校教育法は、教育基本法第1条の教育の目的を受けて、学校段階別に教育目的を規定している。幼稚園は学校のひとつなので、学校教育法の適用を受ける。学校教育法第22条は、幼稚園の教育目的を、次のように述べている。

「幼稚園は、義務教育及びその後の教育の基礎を培うものとして、幼児を保育し、幼児の健やかな成長のために適当な環境を与えて、その心身の発達を助長することを目的とする。」

この中では、子どもの「心身の発達」だけが取り上げられており、細かい事柄は省略されている。細かい事柄は、すべて「心身の発達」の中に含まれていると解釈できる。幼稚園令における「善良ナル性情」が、「心身の発達」の中に含まれると理解すれば、学校教育法の規定は、幼稚園令と変わっていない。

学校教育法の規定の中で注目すべきことは、間接的教育の在り方を全面に打ち出したことである。「適当な環境を与えて」という表現は、「心身の発達」を実現するための方法を示している。幼稚園教諭が子どもに向かって指示を直接与えないで、「適当な環境」を設定する。

幼稚園教諭は、子どもが興味を持つような玩具（オモチャ）を準備しておいたり、積み木、クレヨン、画用紙、ノリなど、保育の材料を用意したりしておく。すると、子どもは、幼稚園教諭から指示を直接受けなくても、自ら進んで活動を行うようになる。

このような考え方の背景には、児童中心主義が存在している。どのような活動を行うかを決定するのは、子ども自身である。幼稚園教諭は、教育的観点から望ましいと思われる環境を設定するだけである。では、設定保育は、どのように考えればよいのか。設定保育では、幼稚園教諭の直接的な働き掛けが存在するはずである。

設定保育では、幼稚園教諭が望ましい活動を選択している。その際、望ましい活動は、子どもの興味や関心に合致させる必要がある。もし子どもが活動に興味を示さないなら、その活動はやめるべきである。設定保育の中で幼稚園教諭が取り扱うことも、広い意味の「適当な環境」に含めることができる。

以上のことから、「適当な環境」を設定する主体は、子どもと幼稚園教諭の2通り考えられる。幼稚園教諭がそれを設定する場合、子どもに押し付けることのないように、注意しなければならない。強制、注入、教え込みなどは、子どもの指導とは、相いれないものである。幼稚園教諭が「適当な環境」を設定する理由は、子どもが活動を選択し続けると、望ましくない結果が生ずるからである。一方、子どもが「適当な環境」を設定し、活動を選択すると、活動の内容に偏りが生ずる恐れがある。毎日絵だけを描いている子ども、毎日積み木をしている子ども、毎日保育室の中にいる子どもなどのように、活動が偏ってしまう。

そこで、活動を体系的、計画的に組み立てることが必要になる。子どもの興味や関心を尊重しながら、多様な活動を行わせるようにすべきである。また、子どもの興味や関心は静的なものではなく、動的なものである。幼稚園教諭は、子どもの興味や関心を新たに創造していくことも、忘れてはならない。

(2) 無意図的教育の重要性

幼稚園の教育目的の中の「適当な環境」を、別の視点から考えてみよう。幼稚園教諭が子どもにとって「適切な環境」を設定するとき、教育しようという意図を持っている。しかし、子どもは、幼稚園教諭の意図しないことも学習しているのである。この無意図的教育は、とらえることがむずかしいけれども、子どもの人格形成に与える影響は大きい。

たとえば、幼稚園教諭が、「適当な環境」設定のひとつとして、三輪車を倉庫から出しておく。幼稚園教諭は、教育目標として、子どもの興味を満たすこと、子どもの運動能力を伸ばすことを考えている。教育目標は、教育目的を一層具体化した段階的なものである。教育目標は、幼稚園教諭が意図したものである。教育目的やそれを具体化した教育目標は、すべて幼稚園教諭が意図したことを記述したものである。これらは、意図的教育を構成している。注意すべきことが、ひとつある。それは、意図的教育は、百%達成されるわけではないことである。意図を持つこととそれが成功することとは、別のことである。

一方、子どもは、幼稚園教諭が意図しないようなことを学習している。これは、無意図的教育を構成する。三輪車の例で言えば、子どもは、順番を守ること、ケンカをして勝って三輪車に乗れることなどを学習するかもしれない。これらは、幼稚園教諭が意図していなかったことである。

子どもが活動を行うときには、幼稚園教諭の意図することと意図しないこととが混在している。幼稚園教諭が意図することは、あらかじめ教育目的や教育目標として、設定することができる。この意味で、意図的な部分は、幼稚園教諭が制御できるものである。

しかし、無意図的な部分については、幼稚園教諭が制御できないものである。せいぜい幼稚園教諭ができることは、日頃から子どもが学習した結果を分析する目を養うことである。子どもは、幼稚園教諭が意図したことより多くのことを学習していく。このことを考慮すれば、幼稚園教諭の指導は、子どもの人格形成のごく一部にしか影響を与えないことになる。幼稚園教諭は、子どもの人格形成に対して、全面的に責任を負えない。

無意図的教育は、教育目的や教育目標だけではなく、カリキュラムにおいても存在している。幼稚園教諭が定式化できないカリキュラムは、「潜在的カリキュラム」と呼ばれている。「顕在的カリキュラム」は、指導計画や指導案に書くことができるのである。このカリキュラムは、幼稚園教諭のはっきりとした意図の下に、計画的に作成される。一方、「潜在的カリキュラム」は、明確に定式化できないものである。まさに、カリキュラムが、「かくれて」いるのである。

子どもは、「顕在的カリキュラム」に書かれたことよりも多くのことを学習する。幼稚園教諭の態度、価値観、考え方などが、知らず知らずのうちに子どもに影響を与える。このカリキュラムは、「教室において生徒が習得しなければならない暗黙の価値基準」（注1）であり、社会統制の機能を持つものである。

さらに、道徳教育の視点から「潜在的カリキュラム」に注目すると、「道徳的雰囲気」が、道徳の発達と関連している。道徳の望ましい発達を保障するためには、「道徳的雰囲気」の重要性を認識しなければならない。

(3) 理想的人間像

子どもを何に向かって教育するのか。子どもを教育した結果、何になるのか。これらは、結果としての教育目的を尋ねている。一方、教育しつつある過程こそが大切である、という主張もある。特に、乳幼児教育においては、将来のためよりも、乳幼児期を充実して過ごさせることに、力点が置かれる。

結果としての教育目的を問題にするとき、理想的人間像を問題にしているのである。幼児教育においては、この理想的人間像がはっきりしていない。その理由は、いくつか考えられる。

第1に、理想的人間像は、たいていの場合、大人になってからのものであり、幼児期に掲げても現実味がない。しかし、教育目的を設定するとき、理想的人間像は必要である。たとえば、「個性ある人間」を教育目的として設定するとき、それは明らかに一定の理想的人間像に基づいている。

第2に、理想的人間像の抽象度が不明である。理想的人間像は、抽象度のレベルによって、異なった表現をとる。「個性ある人間」は、比較的抽象度が高いので、そのままではあまり役に立たない。抽象度のレベルが高すぎるのである。

教育改革の答申などにおいては、教育の方針、教育目的や教育目標の一部として、「個性ある人間」という表現が、しばしば見られる。たとえば、1998年（平成10年）7月29日付けの教育課程審議会答申は、教育課程の基準の改善のねらいとして、4項目挙げている。その中の③は、「ゆとりのある教育活動を展開する中で、基礎・基本の確実な定着を図り、個性を生かす教育を充実すること」としている。「個性を生かす教育」は、「個性ある人間」を作るためのものである。そして、「基礎・基本」を習得することは、「個性を生かす教育」よりも、やや具体的になっており、抽象度のレベルが低くなっている。

理想的人間像の抽象度が不明であるなら、わかりやすいレベルの教育目標を段階的に設定すべきである。大切なことは、その指針となるような理想的人間像を確立しておくことである。一定の理想的人間像が確立してあれば、それを抽象度の低いものにすることは、比較的容易なことである。

「個性ある人間」を理想的人間像にしたとき、それを具体化していくと、次のようになるであろう。

① 個性ある人間。
② 国民として必要とされる基礎的・基本的な内容を習得した人間。
③ 読み、書き、計算の能力を習得した人間。
④ ひらがな、かたかなが読めて、書ける人間。
⑤ 身近な動植物の名前が言える人間。
⑥ 「イヌ」、「チューリップ」、「水鉄砲」などの名前が言える人間。

具体化の過程は、決してひとつではない。どのように具体化していくかは、幼稚園教諭・保育士の腕の見せどころである。幼稚園や保育所では、教科書が存在していない。理想的人間像を設定し、それを具体化することは、幼稚園教諭・保育士の肩にかかっている。小学校以降の教師に比べ、幼稚園教諭・保育士の自由裁量の範囲が広い。同時に、教育や保育に対する責任の範囲も大きい。

(4) 人間観

教育や保育を行うときには、一定の人間観を前提にしている。人間観は、人間の本性をどのように考えるかの見方である。この人間観に基づいて、教育目的や教育目標が設定される。人間観がはっきりと認識されないこともあるけれども、どのような教育目的や教育目標も、一定の人間観を前提にしている。

人間観には、3つの考え方がある。第1に、人間はもともと善であり、どのような悪人に善の心がある。この考え方は、性善説と呼ぶことができる。第2に、人間はもともと悪であり、平和に生きているときは、悪の心が抑制されているだけである。この考え方は、性悪説と呼ぶことができる。第3に、人間は善でも悪でもなく、教育の仕方によって、どちらにでもなりうる。以下において、これらの考え方を順に見てみよう。

a. 性善説

性善説によれば、人間は、生まれながらに善なる存在である。人間が悪いことをするのは、生まれた後に悪いことをするようになったのである。悪いことをする人間の心の中には、依然として善なる心が存在している。この善なる心が機能しないときに、悪いことをしようとするのである。たとえば、J・J・ルソー（J.J.Rousseau）は、次のように述べている。

「万物をつくる物の手をはなれるときすべてはよいものであるが、人間の手にうつるとすべてが悪くなる。」（注2）

この中の「万物をつくる物」は、神のことである。当時は、神が世界を作り、人間も作ると考えられていた。このことから、神は、造物主と呼ばれている。

ルソーによれば、善なる存在である子どもが、人間社会に染まると、悪くなる。だから、最良の教育は、人間社会に染まらないことである。人間が何もしないことが最良の教育となる。これは「消極教育」と呼ばれ、ルソーの教育論の根幹をなしている。

しかし、現代において、「消極教育」は受け入れることができない。大人が何もしないでいて、子どもがよい方向に成長していくはずがない。子どもは、まわりからの刺激を受け、その刺激を頭の中で考え、刺激に反応しながら成長していく。子どもの中で何が起きているかは理解しにくいけれども、子どもは、はじめから自己完結的に成長するのではない。たとえ子どもの中に遺伝的な素地を認めたとしても、それを開花させるためには、外からの刺激が必要である。

性善説に従えば、子どもを「のびのびと」育てることが可能になる。よい傾向性は、「のびのびと」実現させるべきであり、子どもの中から「引き出す」べきである。そして、現実の人間社会の中で、よい傾向性を伸ばすべきである。ルソーのように、子どもを人間社会から遠ざけるようなことは、すべきではない。現代社会において、人間として生まれたからには、一生涯を人里離れた山奥や孤島で暮らすことはできない。現実の人間社会の中でよい生活を目指さなければならない。

b．性悪説

性悪説によれば、人間は、生まれつき悪なる存在である。そのままにしておくと、人間は必ず悪い方向に向かう。人間の持つ悪い芽は、早期に摘みとらなければならない。ここから、体罰が肯定されるようになる。人間が生来持っている悪い傾向性は、発現しないように抑制しておく必要がある。体罰は、そのための手段である。

性悪説に従えば、子どもを「のびのびと」育ててはいけない。「のびのびと」悪の芽を成長させてはいけないからである。また、子どもの中にあるものを「引き出し」てはならない。悪い傾向性は「引き出す」のではなく、押さえ付けておくべきである。

性悪説に基づく教育は、一種の「型はめ」になる。人間を一定の枠にはめこみ、悪い傾向性を抑制することが必要になる。一定の枠にはめておけば、悪い行動をすることもない。

しかし、性悪説は、子どもを受け身的な存在としてとらえている。これは、明らかに誤っている。子どもは、いつもじっとしていない。子どもは、本来活動的なのである。その活動性は、はじめから悪い傾向性ではない。大人にとって都合が悪いときに、子どもの活動が「悪い」と判断される。

たとえば、子どもが、絵を書きたいという傾向性を持つ。そして、実際に絵を書く。子どもが絵の具で床を汚すと、大人は注意し、時には怒る。大人は、床を汚したことを「悪い」と判断する。床を汚すと、そうじしなければならないからである。床を汚したからといって、絵を書きたいという傾向性が悪いことにはならない。

c．第3の道

人間の本性が善か悪かを問うことは、あまり生産的なことではない。人間の本性は、考えようによっては、どちらにでもなりうる。子どもは、よい傾向性も悪い傾向性も、両方とも備えているのである。よい傾向性には、活動性、興味や関心の生起、集中力などがあり、悪い傾向性には、闘争心、残酷さなどがある。

教育の観点から言えば、よい傾向性は、どんどん伸ばすべきである。その反面、悪い傾向性は、抑制すべきである。子どもは、すぐケンカをはじめるという意味で、闘争心がある。また、バッタなどの虫の足を引きちぎるという意味で、残酷さを持っている。これらの悪い傾向性に対しては、一定の指導をして、発現させないようにすべきである。

2　保育の方法

(1) 自由保育のあいまいさ

保育の方法として、自由保育と一斉保育がある。自由保育が何を意味するかについては、確定することがむずかしい。自由保育とは、子どもが自ら活動を選択して、その活動を行うことである。子どもが自ら選んだ活動は、自由遊びと呼んでも、さしつかえないであろう。旧児童福祉施設最低基準第55条によれば、自由遊びは、保育所における保育内容の一部を構成しており、「音楽、リズム、絵画、製作、お話、自然観察、社会観察、集団遊び等」を含んでいる。

自由保育において、何が自由なのかについては、複数考えられる。最も極端な自由保育は、「園児の自由意志により、①自由な時間に、②自由な場所で、③自由な目標を、④自由に経験する」（注3）ことである。これらの条件をすべて満たすような自由保育は、幼稚園や保育所の中では、実践することができない。

たとえば、「自由な時間に」という条件については、自由保育の時間は、幼稚園や保育所で定められており、日課の中に位置付けられている。次に、「自由な場所で」という条件については、幼稚園や保育所の場合、「その園の中で」という制限が付く。また、「自由な目標を」という条件については、幼稚園や保育所では、それぞれ目的や目標が定められており、子どもが自由に設定しているわけではない。

このように見てくると、自由保育の中味は、かなり制限されたものになる。自由保育とは、与えられた制限の中で、子どもが自ら活動を選択して、その活動を行うことである。

次に、一斉保育については、幼稚園教諭・保育士中心の形態である。幼稚園教諭・保育士の指導に基づいて、子どもが同じ種類の活動を同じ速さで行うことである。子どもが行う活動は、バラバラではいけない。活動の速度も、大きく違っていてはいけない。幼稚園教諭・保育士は、活動が一斉に行われるように、子どもを指導していくのである。

本来なら、一斉保育の反対語は、個別保育である。個別保育は、それぞれの子どもが異なった活動を異なった速さで行うことである。保育室の中で、絵を書いている子どもの隣りで、積み木遊びをする子どもがいても、いっこうにかまわない。子どもの個性に注目するなら、もっと個別保育を推進させるべきである。

それなのに、一斉保育と自由保育とが対置されたのは、なぜであろうか。自由保育には、子どもの自主性を尊重する児童中心主義が、大きな影響を与えたのである。さらに、「自由」はよいことであるという思い込みがあった。子どもにとって、どのような「自由」が望ましいのか。じっくり考える必要がある。

(2) 子どもの目の高さ

「子どもの目の高さで見る」、「子どもの目の高さで考える」という表現がある。これらの表現は、何を言おうとしているのだろうか。

「子どもの目の高さで見る」ことについて、文字通りの意味を考えてみよう。大人の目の高さは、だいたい1メートル50センチぐらいである。一方、子どもの目の高さは、だいたい1メートルぐらいである。大人が1メートルぐらいの高さに目を置くと、視野がかなり異なって見える。そこでは、見える範囲が狭く、遠くのものを見ることができない。子どもが交通事故に遭遇する理由のひとつは、視野が狭く、まわりの状況を十分に把握できないからである。子どもは、自分の見える範囲だけを見て行動するので、その範囲の外にある自動車や自転車を認識していない。背が高ければ、遠くまで見渡すことができる。子どもの背はあまり高くないので、近くのものしか見ていない。

次に、「子どもの目の高さで考える」ことについては、文字通りの意味が、なかなか浮かんでこない。大人がすわって考えても、「子どもの目の高さで考える」ことにはならない。そこで、視点を変えて、解釈を加えることにしよう。「子どもの目の高さで考える」ことは、「子どもが独自の思考をすることを大人が理解する」ことであると解釈できる。

では、子どもの独自の思考とは何か。それは、アニミズム、表象的思考である。アニミズムは一種の思考パターンであり、生命活動をしない物体にも人間のような生命が存在すると考えることである。「太陽が笑っている」、「かかしが『おいで、おいで』をしている」などは、その例である。そして、表象的思考は、実在する物を頭の中で思い浮かべることができることである。J・ピアジェは、知的操作の発達を中心にして、発達段階を設定した。2歳頃までは、感覚運動的知能の段階であり、誕生から言葉が発生するまでの時期である。7、8 歳頃までは、表象的思考の段階であり、頭の中でイメージを作ることができる段階である。11、12 歳頃までは、具体的操作の段階、それ以降は、形式的操作の段階に移行する。

表象的思考の段階は、3、4 歳までの前概念的思考の段階と、それ以降の直観的思考の段階に区分されている。前概念的思考の段階では、言語が習得されるけれども、まだ同一性と一般性が獲得されていない。直観的思考の段階では、思考が知覚に支配され、思考が活動と未分化である（注 4）。

「子どもの目の高さで考える」ことは、大人がアニミズム、表象的思考をすることではない。大人は、シンボルとしての言語を操作できる。その大人が、発達段階を逆にたどることは、何の意味もない。大人が、子どもに特有の「独自の思考」をする必要はない。それでは、「子どもの目の高さで考える」ことは、どのように解釈すればよいのか。

「子どもの目の高さで考える」ことは、大人が子どもの発達的な特徴を理解し、必要があれば、その発達を刺激することを意味している。大人は成熟した思考を獲得しているので、子どもの表象的思考を理解することは、容易なことではない。子どもにとって、おやつの時間は3時ちょうどであり、3時1分になったら、もうおやつの時間ではない。あるいは、服装が変われば、もう違う人間になってしまうのである。大人の目から見れば、奇妙に思われることが、子どもの目には、本当のことのように見える。

子どもの発達的な特徴を理解することだけが、教育や保育の仕事なのではない。子どもが発達段階を一歩一歩確実に登って行けるように、大人は援助の手を差しのべなければならない。特に、幼稚園教諭・保育士は、子どもの発達段階に適した働き掛けをしなければならない。発達段階は飛び越えることができないので、ひとつ上の段階を見越した上で、指導する必要がある。感覚運動的知能の段階の子どもに対して、体積の保存を理解させることは、無理なことである。

3　子どもの可能性と開発説

(1) 子どもの可能性

『保育所保育指針解説書』は、子どもの「可能性」を次のように説明している。

「保育所は、『生涯にわたる人間形成にとって極めて重要な時期』にある乳幼児の『現在』が、心地よく生き生きと幸せであることを保育の目標とするとともに、その『未来』を見据えて、長期的視野を持って、生涯にわたる生きる力の基礎を培うことを目標として保育することが重要です。それは、生涯、発達し続けていく一人一人の子どもの可能性や、あと伸びする力を信じることでもあり、保育とは、子どもの現在と未来をつなげる営みといえるでしょう。」（注5）

旧保育所保育指針「第1章　総則　1保育の原理　(1) 保育の目標」においても、保育所の目標を、次のように述べている。

「子どもは豊かに伸びていく可能性をそのうちに秘めている。その子どもが、現在を最もよく生き、望ましい未来をつくり出す力の基礎を培うことが保育の目標である。(以下略)」

これらの中で、子どもは、「可能性」の総体として取り扱われている。子どもの「可能性」は潜在的なものであり、いまだ発現していないものである。だから、「可能性」は「秘めている」という表現になった。「可能性」は、そのままにしておけば、潜在的「可能性」のままとどまっている。そこでは、何らかの方法によって、潜在的「可能性」が現実のものにすることを期待している。

このように考えると、「可能性」には2種類のものがあり、それらを区別することが必要となる。ひとつは、潜在的可能性であり、もうひとつは、現実的可能性である。

潜在的可能性は、すべての子どもに生まれつき備わっている。しかし、この可能性が本当に存在するかどうかは、子どもの顔を観察するだけではわからない。たとえば、計算力がすぐれていることは、その子どもの顔を見ただけではわからない。実際に、子どもが計算をしている場面を見て、判断すべきものである。

この潜在的可能性は、その範囲がたいへん広い。潜在的可能性のレベルでは、子どもは万能である。現実に、その行動ができることを必要としないので、子どもの持つ可能性は、「無限」である。子どもが「無限」の可能性を持つと主張するとき、それは潜在的可能性のことを述べている。

潜在的可能性のレベルにおいては、ひとりの子どもを対象にするのではなく、多くの子どもを対象にすることが多い。また、現実に存在する子どもをじっくりと観察した結果、可能性が「無限」になるのでもない。「無限」の可能性は、大人が作り出した虚構であり、具体的な証拠に照らした上での結論ではない。

「無限」の可能性が主張されるとき、対象となる子どもは、まだ年少である。子どもは年少すぎて、どのような能力が備わっているかを決定できない。たとえば、記憶力にすぐれている子どもがいると仮定する。文字が読めないのに、百人一首をすらすらと言える子どもがいる。この子どもは、もはや「無限」可能性を持つとは言わない。なぜなら、ひとつの能力が特定されたので、可能性はもはや「無限」ではなくなったからである。

あるいは、記憶力の容量が「無限」だという反論があるかもしれない。しかし、この反論は受け入れることができない。人間として生まれたからには、人間としての最大の能力が存在するはずである。人間の脳の機能を調べれば、最大限どのくらいの記憶ができるかを調べることができる。人間の脳の容量は、コンピューターと比較することができる。140億個ある人間の脳細胞は、16 メガビットＤＲＡＭ（記憶保持動作が必要な随時書き込み呼び出しメモリー）の千個に相当する（注5）。人間の頭が行う思考のすべてをコンピューターが代替できるかどうかについては、疑問が残る。しかし、記憶力の容量の点では、人間の記憶力は、「無限」ではないことが理解できる。

一方、現実的可能性は、潜在的可能性よりも、その範囲が狭くなっている。この現実的可能性は、目の前に実在する個別的な子どもを対象にしている。問われるのは、「ここにいる、この子どもの可能性は何か」である。もしこの子どもがミニカーに興味を持つなら、将来自動車の運転、製造や販売にかかわりを持つようになるかもしれない。年少の子どもが興味を持つことは、将来の職業やできごとに対して、現実的可能性を持つのである。現実的可能性を主張するためには、一定の手掛かりが必要である。

子どもは、どういう対象に対して興味や関心を持つのか。幼稚園教諭・保育士や両親は、子どもの観察を怠ってはならない。子どもが興味や関心を持つことは、その対象に対する能力を伸ばすことにつながっていく。子どもが興味や関心を持てば、その対象に対して多くの時間を使うことになる。これは、その対象について学習する時間が多くなることを意味している。学習時間が多いと、その対象に習熟することになる。

子どもがミニカーに興味を持つと、自動車の名称、型式、色、仕組みなどを容易に学習する。興味を持つことによって、学習の効率もよくなる。子どもが楽しみをもって、積極的に学習すれば、その成果も十分期待できる。子どもに学習を促すためには、子どもの興味や関心を積極的に活用すべきである。

(2) 開発説への批判

子どもの可能性を議論するとき、その背後にあるのは、一種の開発説である。旧保育所保育指針では、子どもは「可能性をそのうちに秘めている」とされていた。わかりやすい比喩を使って言い換えると、ちょうど机の引き出しの中に文房具などが入っているように、子どもの中には、いろいろな可能性が入っている。引き出しの中の品物は、後から入れたものであるのに対して、子どもの可能性は、はじめから入っていたものである。子どもの可能性は、生まれつき持っているものである。

子どもの可能性が先天的なものであれば、発現するすべての能力は、もともと子どもの中に存在していなければならない。しかし、実際には、そうではない。たとえば、パソコンを使いこなす能力が、求められている。子どもがパソコンを使う能力は、生まれつき存在していたのか。答えは否定的である。子どもがパソコンを使う能力は、後天的に獲得されたものである。生まれつき存在していた可能性は、指先をひとつひとつ動かす能力、目と手の協応関係である。これらの能力は、ひとまとまりになって、パソコンを使う能力として、はじめから存在していたのではない。

では、子どもの可能性をだれがどのようにすべきなのか。旧保育所保育指針では、その答えがあいまいなままになっている。子どもは現在を「生き」、「望ましい将来をつくり出す」主体である。ところが、「基礎を培う」者がだれなのかは、はっきりしていない。子ども自身が「基礎を培う」とも解釈できるし、大人がそれをするとも解釈できる。

もし子ども自身が「基礎を培う」と仮定すると、大人特に幼稚園教諭・保育士は、何をすべきであろうか。その答えは、ただ見守ることだけである。「基礎を培う」主体が子どもであれば、大人特に幼稚園教諭・保育士は、援助のための手を出してはいけない。手を出すことは、子どもの自主性をそこなうからである。

しかし、大人特に幼稚園教諭・保育士がただ見守るだけでは、子どもの可能性は、現実のものにならない。たとえば、子どもの言語能力については、学習可能性の素地が遺伝的に決定されている。けれども、人間の言語を理解し、使いこなすためには、大人からの働き掛けが必要である。まわりの大人が子どもに対して、言語による刺激を与えない限り、言語の発達や習得は望めない。子どもの可能性を実現するためには、大人は見守るだけでは不十分なのである。

大人が子どもの活動を見守ることは、時には必要である。しかし、子どもの可能性を実現するためには、大人は、教育的な意図を持って働き掛けなければならない。大人の中でも、両親と幼稚園教諭・保育士は重要な役割を演ずることを忘れてはならない。

注

(1) 柴野昌山・菊池城司・竹内洋（編）、『教育社会学』（有斐閣、1992年）61ページ。

(2) J.J.Rousseau,Emile ou de L'Education.1762.

邦訳、J・J・ルソー、今野一雄訳、『エミール』（上）（岩波書店、1986年）23ページ。

(3) 泉順他、『保育原理』（圭文社、1982年）71～72ページ。

(4) 西頭三雄児（編）、『保育内容総論』（福村出版、1983 年）42～48

ページ。

⑸ 厚生労働省、『保育所保育指針解説書』（フレーベル館、2008 年）14 ページ。

www.mhlw.go.jp/bunya/kodomo/hoiku04/pdf/hoiku04b.pdf

⑹ 木内義勝、「情報化社会への対応」（中日新聞、1996 年（平成 8 年）2 月 20 日）

第８章　青少年の教育

人間の一生を発達段階の観点から分類すると、乳児期、幼児期、少年期、青年期、成人期、高齢期となる。この中の少年期と青年期は、あわせて青少年の時期としばしば呼ばれる。青少年の範囲はあいまいな部分を含んでおり、特定することがむずかしい。

青少年の時期は、学校段階でいえば、小学校、中学校、高等学校、中等教育学校、短期大学又は大学に相当する。期間の長さから見ると、青少年の時期は、成人期の次に長い。青少年の生活は、学校での生活と学校の外での生活に分類できる。従来の社会教育では、学校の外の生活に焦点を当てていた。学校教育と学校外教育の連携を議論するためには、学校教育も検討の対象に加えなければならない。

本章では、青少年の学習機会を理解し、青少年の教育の在り方を探究する。第１に、青少年の範囲を確認する。青少年の教育の特徴を述べる。第２に、青少年の学習機会を明らかにする。学校を取り巻く状況として、「全国学力・学習状況調査」の結果を確認し、学習に対する意識を概観する。学校に係る諸問題として、いじめ、不登校、校内暴力を取り上げる。次に、青少年の学習の実情を理解する。第３に、若年無業者・フリーター・ひきこもりの現状を分析する。

1　青少年の範囲と教育の特徴

(1) 青少年の範囲

青少年は、少年と青年から構成される。青少年という呼び方は、あいまいな部分を含んでいる。学校教育法、社会教育法において、青少年の範囲は規定されていない。少年については、法律に規定があるけれども、その範囲については必ずしも一致していない。児童福祉法第４条では、「満十八歳に満たない者」を児童と呼び、少年を「小学校就学の始期から、満十八歳に達するまでの者」と規定している。少年法第２条では、少年を「二十歳に満たない者」、成人を「満二十歳以上の者」と規定している。

2015年（平成27年）3月6日付けの東京新聞朝刊によれば、2015年（平成27年）3月5日に、自民党など与野党6党は、現在20歳以上の選挙権を 18 歳以上に引き下げる公職選挙法改正案を衆議院に提出した。2016年（平成28年）夏の参議院選挙から適用する。18歳と19歳の240万人が選挙権を持つ見込みである（注1）。

一方、青年について、その範囲を規定する法律などは見当たらない。青年学級振興法第2条では、勤労青年を「勤労に従事し、又は従事しようとする青年」と規定していたけれども、年齢の規定は存在していなかった。

一般に、少年は、小学校と中学校の義務教育段階にいる児童・生徒を指している。青年は、義務教育終了後から、25 歳までの者を指すことが多い。1971年（昭和46年）の社会教育審議会答申によると、少年について、「社会教育のうえでいう少年とは、小学校及び中学校に就学する年齢層である」と述べられている。また、青年については、「義務教育終了後からおよそ25歳未満の者を青年と呼ぶのが通例になっている」と述べられている。しかし、満20歳を過ぎた者は成人と呼ばれるので、20から25歳の者は、青年であると同時に成人であることになる。少年も青年も、その範囲があいまいなまま使用されている。

(2) 青少年の教育の特徴

青少年の教育の特徴として、次のことを指摘することができる。第1 に、青少年の教育は、学校中心であり、学校外教育の比重は小さい。少年の場合、小学校と中学校は義務教育である。学習を行う場は、学校が中心である。高等学校には、中学校の卒業者の約 98%が進学している。大学や短期大学にも、高等学校の卒業者の半数が進学している。家庭教育や地域社会における教育の重要性が指摘されているけれども、学校教育における教育の成果の方がはるかに大きい。

学校外教育については、家庭教育を充実することが求められている。文部科学省は「家庭教育手帳」、「家庭教育ノート」を作成し、配布している。県や市町村は、家庭教育に関する学級や講座を開催している。あるいは、子育ての支援に関する活動が、数多く実施されるようになってきた。母親だけではなく、父親も子どもの教育に参加するように求められている。地域社会においても、青少年の自然・体験活動を推進することが重視されている。

第16期中央教育審議会は、「幼児期からの心の教育の在り方について」に関する諮問を受け、「新しい時代を拓く心を育てるために－次世代を育てる心を失う危機－」という答申を1998年（平成10年）6月30日に行った。この答申では、心の教育を充実させるために、学校だけではなく、家庭教育を充実し、地域社会における教育活動を積極的に推進することが主張されている。「生きる力」の核となる豊かな人間性は、正義感・倫理観、思いやりの心である。これらを育成するためには、大人社会全体のモラルの低下を問い直す必要があるとされている。

家庭教育については、思いやりのある円満な家庭をつくることが奨励されている。夫婦が協力して子育てをし、会話を増やしたり、食事を一緒にしたりすることが勧められている。過保護、甘やかしすぎをなくすことも指摘されている。善悪の区別をわきまえるよう、しっかりとしたしつけの必要性も述べられている。思いやりのある子どもを育てることを心掛け、個性を大切にすることが主張されている。「おはよう」のあいさつなどの、家庭でのルールをつくることも奨励されている。遊びの重要性を再認識し、自然の中で伸びやかに遊ばせることが大切だとしている。

地域社会については、地域で子育てを支援する環境づくりが目指されている。家庭教育カウンセラーを配置し、電話相談の体制を充実することが、提言されている。異年齢集団の中で子どもに自然体験の機会を与えることが勧められている。民間の自然体験プログラム、親と離れて集団生活を営む「長期自然体験村」、「山村留学」などが、例として挙げられている。

第2に、生涯学習社会における学校の位置付けが、あいまいなままである。生涯学習社会は、学校を抜きにしては成立しない。生涯学習の観点から、学校をどのように再編すべきなのか。学校の中心的な役割が基礎学力を身に付けることであるなら、教育課程の中の読・書・

算（パソコン）に関する教科を充実すべきである。一定の水準に到達することを重視するなら、教育目標や学習方法を工夫しなければならない。道徳や価値観を身に付けることが学校の役割なら、小・中学校の道徳の時間を充実したり、高等学校でも道徳の時間を設けたりすることも考えなければならない。2018年（平成30年）から、小学校と中学校で、道徳が特別な教科として導入される予定である。

学校、家庭、地域社会の連携を進める際には、前提として、それぞれの果たす役割を明確にしなければならない。あいさつをはじめとするしつけについては、学校よりも家庭で教えなければならない。学校での中心的役割は何かをはっきりさせなければ、家庭、地域社会との連携はできない。

第3に、「生きる力」は、青少年の教育の指針としては、不十分である。「生きる力」は、第15期中央教育審議会第一次答申「21世紀を展望した我が国の教育の在り方について」の中で主張された。「生きる力」は、次のように説明されている。

「［生きる力］は、単に過去の知識を記憶しているということではなく、初めて遭遇するような場面でも、自分で課題を見つけ、自ら考え、自ら課題を解決していく資質や能力である。これからの情報化の進展に伴ってますます必要になる、あふれる情報の中から、自分に本当に必要な情報を選択し、主体的に自らの考えを築き上げていく力などは、この［生きる力］の重要な要素である。

また、［生きる力］は、理性的な判断力や合理的な精神だけでなく、美しいものや自然に感動する心といった柔らかな感性を含むものである。さらに、よい行いに感銘し、間違った行いを憎むといった正義感や公正さを重んじる心、生命を大切にし、人権を尊重する心などの基本的倫理観や、他人を思いやる心や優しさ、相手の立場になって考えたり、共感することのできる温かい心、ボランティアなど社会貢献の精神も、［生きる力］を形作る大切な柱である。」

この説明では、「生きる力」は課題解決能力であり、感動する心、基本的倫理観、優しさ、温かい心、社会貢献の精神を含んでいる。では、「生きる力」は、学校、家庭、地域社会のどこで育成されるのか。3者を含む全体で育成するなら、学校の果たす役割は何か。課題解決能力を身に付けることは、容易ではない。課題解決能力を身に付けるためには、青少年自身が課題を発見し、その解決策を考えなければならない。学校の教育課程の上では、総合的な学習の時間が有望である。しかし、すべての教科において、課題解決能力の育成を目指した教え方ができるとは限らない。たとえば、国語において、どのような課題を想定するのか。少なくとも、教師は、青少年が設定する課題の概略を想定しておく必要がある。課題解決能力については、課題として設定できる範囲が限定され、どの教科でも適用できるものではない。

2　青少年の学習機会

青少年の学習機会は、大別すると、学校教育と学校外教育とに分類できる。学校教育については、従来社会教育の領域では積極的に取り上げられてこなかった。しかし、学校教育と学校外教育の両方を考慮しなければ、青少年の学習の全体を十分にとらえることができない。学校外教育については、図書館、博物館、公民館などの社会教育施設、青年団、子ども会、ボーイ・スカウトなどの社会教育関係団体の中で学習が行われている。

青少年の教育や生活については、『青少年白書』が作成されていた。2010 年（平成 22 年）からは、子ども・若者育成支援推進法 （2009 年（平成 21 年）法律第 71 号）に基づく年次報告書として『子ども・若者白書』が作成されるようになった。

子ども・若者育成支援推進法第 6 条は、次のように規定している。

「政府は、毎年、国会に、我が国における子ども・若者の状況及び政府が講じた子ども・若者育成支援施策の実施の状況に関する報告を提出するとともに、これを公表しなければならない。」

この法律が策定された背景は、①有害情報の氾濫等、子ども・若者をめぐる環境の悪化 、②ニート、ひきこもり、不登校、発達障害等の子ども・若者の抱える問題の深刻化 、③従来の個別分野における縦割り的な対応では限界、である（注 2）。

「青少年」という言葉と「子ども・若者」という言葉を比較すると、

対象の年齢が広がっていることを指摘できる。青少年は、小学生から25 歳ぐらいまでの範囲を指している。一方、子ども・若者は、0 歳から 30 歳ぐらいまでの範囲を指している。子ども・若者育成支援推進法は、0 歳から 30 歳ぐらいまでの子ども・若者を対象にして、多様な施策を統一的に展開しようとする法律である。

(1) 学校を取り巻く状況

a. 学　力

小学校 6 年生と中学校 3 年生を対象にした「全国学力・学習状況調査」(2012 年（平成 25 年）度）の結果（注 3）によれば、国語や算数・数学では記述式問題に、理科では観察・実験の結果などを整理・分析したうえで、解釈・考察し説明することなどに課題が見られる。

経済協力開発機構（OECD）の「生徒の学習到達度調査（PISA）」によれば、学力の改善傾向が見られる。

学習状況については、小学校 6 年生の 60.0%、中学校 3 年生の 66.7%が、平日の学校の授業時間以外に、1 日当たり 1 時間以上勉強をしている。休日には、小学校 6 年生の 55.5%、中学校 3 年生の 66.5%が、1 日当たり 1 時間以上勉強をしている。

平日の読書時間については、小学校 6 年生の 22.3%、中学校 3 年生の 36.3%が、全くしないと答えている。学習塾（家庭教師を含む。）で勉強している者の割合は、小学校 6 年生で 39.1%、中学校 3 年生で 54.5%となっている。

b. 学習に対する意識

国語、算数・数学、理科に対する意識は、小学校 6 年生よりも中学校 6 年生の方が低くなっている。「好きですか」、「大切だと思いますか」、「授業の内容はよくわかりますか」、「将来、社会に出たときに役に立つと思いますか」の質問に対する答えは、いずれも「当てはまる」、「どちらかといえば当てはまる」と答えた者の割合が減っている。

数学と理科について、「勉強は楽しい」、「将来、自分が望む仕事につくために数学、理科で良い成績をとる必要がある」と答えた者の割合は、年々増加しているけれども、国債平均よりは低くなったままである。

(2) 学校に係る諸問題

a. いじめ

平成25年度「児童生徒の問題行動等生徒指導上の諸問題に関する調査」について（注 4）によれば、小・中・高・特別支援学校における、いじめの認知件数は 185,860 件であり、児童生徒 1 千人当たりの認知件数は 13.4 件である。

① いじめの認知件数は、小学校 118,805 件（前年度 117,384 件)、中学校 55,248 件（前年度 63,634 件)、高等学校 11,039 件（前年度 16,274 件)、特別支援学校 768 件（前年度 817 件） の合計 185,860 件（前年度 198,109 件)。

② いじめを認知した学校数は 20,004 校（前年度 22,273 校)、全学校数に占める割合は 51.8% （前年度 57.3%)。

③ いじめの現在の状況で「解消しているもの」の件数の割合は 88.1%（前年度 89.4%)。

④ いじめの発見のきっかけは、・「アンケート調査など学校の取組により発見」は 52.3%（前年度 53.2%）で最も多い。 ・「本人からの訴え」は 16.8%(前年度 15.9%)。・「学級担任が発見」は 12.8%（前年度 12.8%)。

⑤ いじめられた児童生徒の相談の状況は「学級担任に相談」が 72.7%（前年度 72.8%）で最も多い。

⑥ いじめの態様のうちパソコンや携帯電話等を使ったいじめは 8,787 件（前年度 7,855 件）で、 いじめの認知件数に占める割合は 4.7%（前年度 4.0%)。

⑦ いじめの日常的な実態把握のために、学校が直接児童生徒に対し行った具体的な方法について、 ・「アンケート調査の実施」は、いじめを認知した学校で 97.9%（前年度 97.1%)、いじめを認知していない学校で 92.8%（前年度 92.5%）の合計 95.5%（前年度 95.2%)。 ・「個別面談の実施」は、いじめを認知した学校で 85.4%（前年度 84.0%)、いじめを認知していない学校で 81.2%（前年

度 79.7%）の合計 83.4%（前年度 82.2%）。 ・「個人ノート等」では、いじめを認知した学校で 54.9%（前年度 53.7%）、いじめを認知していない学校で 51.8%（前年度 52.1%）の合計 53.4%（前年度 53.1%）。

⑧ いじめ防止対策推進法（以下、「法」という。）第 28 条第 1 項に規定する重大事態の発生 件数は 181 件。

⑨ 地方自治体における「地方いじめ防止基本方針」の策定並びに「いじめ問題対策連絡協議会」及び附属機関等の設置状況について ・法第 12 条に規定する地方いじめ防止基本方針については、都道府県の 74.5%、市町村の 23.8% が策定済み。 ・法第 14 条第 1 項に規定するいじめ問題対策連絡協議会については、都道府県の 68.1%、市町 村の 17.5%が設置済み。 ・条例により重大事態の調査又は再調査を行うための機関を設置した自治体数について、教育委員会の附属機関は、都道府県の 42.6%、市町村の 6.6%が設置済みであり、地方公共団体の長の附属機関は、都道府県の 46.8%、市町村の 4.2%が設置済み。

このようないじめについては、次のことを指摘できる。第 1 に、どのような行動をいじめとするのかを判定することがむずかしい。第 2 に、児童・生徒のグループの中で起きるいじめについては、グループの外から観察し、認知することがむずかしい。第 3 に、いじめはどこでも起きることを前提とし、見て見ぬふりをしないように心掛ける。

b. 不登校

小・中学校における、不登校児童生徒数は 119,617 人（前年度 112,689 人）であり、 不登校児童生徒の割合は 1.17%（前年度 1.09%）である。

① 小・中学校における不登校児童生徒数は、小学校 24,175 人（前年度 21,243 人）、中学校 95,442 人（前年度 91,446 人）の合計 119,617 人（前年度 112,689 人）で、在籍者数に占める 割合は小学校 0.36%（前年度 0.31%）、中学校 2.69%（前年度 2.56%）の合計 1.17%（前年度 1.09%）。

② 不登校になったきっかけと考えられる状況は、不安など情緒的混乱

28.1%、無気力 25.6%、いじめを除く友人関係をめぐる問題 15.0%
など。

③ 学校内外の施設や機関等で相談・指導等を受けた不登校児童生徒のうち、学校外の施設や 機関等で相談・指導等を受けた児童生徒数は 36,399 人（前年度 33,483 人）で不登校児童生徒に占める割合は 30.4%（前年度 29.7%）、学校内の施設や機関等で相談・指導等を受けた 児童生徒数は 58,924 人（前年度 55,269 人）で不登校児童生徒に占める割合は 49.3%（前年 度 49.0%）。

高等学校における、不登校生徒数は 55,657 人（前年度 57,664 人）であり、不登校生徒の割合は 1.67%（前年度 1.72%）である。

① 高等学校における不登校生徒数は 55,657 人（前年度 57,664 人）で、在籍者数に占める割 合は 1.67%（前年度 1.72%）。 ・不登校生徒のうち中途退学に至った者は 16,454 人（前年度 18,330 人）。 ・不登校生徒のうち原級留置となった者は 4,779 人（前年度 4,759 人）。

② 不登校になったきっかけと考えられる状況は、無気力 30.3%、不安など情緒的混乱 16.5%、あそび・非行 12.3%など。

③ 学校内外の施設や機関等で相談・指導等を受けた不登校生徒のうち、学校外の施設や機関等で相談・指導等を受けた生徒数は 7,581 人（前年度 7,830 人）で不登校生徒に占める割合は 13.6%（前年度 13.6%）、学校内の施設や機関等で相談・指導等を受けた生徒数は 19,411 人（前年度 20,436 人）で不登校生徒に占める割合は 34.9%（前年度 35.4%）。

このような不登校については、次のことを指摘できる。第 1 に、不登校になっている児童・生徒に対しては、学校への登校を強制しない。第 2 に、教員による訪問指導の機会を増やす。第 3 に、フリースクールへの参加を学校への出席と認めることを検討する。

高等学校における、中途退学者数は 59,742 人であり、中途退学者の割合は 1.7%である。

① 中途退学者数は 59,742 人（前年度 51,781 人）で、在籍者数に占める割合は 1.7%（前年度 1.5%）。 ・「学校生活・学業不適応」

を事由とした中途退学者の割合は 36.4%（前年度 40.0%）。・「進路変更」を事由とした中途退学者の割合は 32.9%（前年度 33.3%）。・「経済的理由」を事由とした中途退学者の割合は 2.2%（前年度 1.6%）。

② 懲戒による退学、原級留置、再入学、編入学について、・退学者は 426 人（前年度 355 人）。・原級留置者は 17,914 人（前年度 12,469 人）。・平成 25 年度以前に中途退学した者のうち再入学した者は 1,383 人（前年度 932 人）。・平成 25 年度以前に中途退学した者のうち編入学した者は 8,524 人（前年度 6,117 人）。

このような中途退学者については、次のことを指摘できる。第 1 に、高等学校の中途退学者は、以前と比べると、確実に減少している。第 2 に、中途退学者を減らすために、高等学校進学時に、不本意入学をできる限り減らす。第 3 に、中途退学者の受け皿を拡充し、学習する機会を確保する。

c. 校内暴力

小・中・高等学校における、暴力行為の発生件数は 59,345 件であり、児童生徒 1 千人当たりの発生件数は 4.3 件である。

① 暴力行為の発生件数は、小学校 10,896 件（前年度 8,296 件）、中学校 40,246 件（前年度 38,218 件）、高等学校 8,203 件（前年度 9,322 件）の合計 59,345 件（前年度 55,836 件）。・「対教師暴力」は 9,743 件（前年度 8,431 件）。・「生徒間暴力」は 34,557 件（前年度 33,468 件）。・「対人暴力」は 1,581 件（前年度 1,530 件）。・「器物損壊」は 13,464 件（前年度 12,407 件）。

② 暴力行為の発生件数のうち当該暴力行為により被害者が病院で治療した場合の件数は、「対教師暴力」で 2,036 件（発生件数に対する割合は 20.9%、前年度 1,703 件）、「生徒間暴力」で 7,857 件（発生件数に対する割合は 22.7%、前年度 7,565 件）、「対人暴力」で 412 件（発生件数に対する割合は 26.1%、前年度 436 件）の合計 10,305 件（発生件数に対する割合は 22.5%、前年度 9,704

件)。

③　暴力行為が発生した学校数について、　・暴力行為が学校内で発生した学校数は 9,700 校（前年度 9,443 校)、全学校数に占める割合は 26.3%（前年度 25.3%)。　・学校外で暴力行為を起こした児童生徒が在籍する学校数は 3,114 校　（前年度 3,330 校)、全学校数に占める割合は 8.4%（前年度 8.9%)。

④　加害児童生徒数は、小学校で 10,356 人（前年度 8,356 人)、中学校で 39,366 人（前年度 39,277 人)、高等学校で 10,110 人（前年度 11,659 人）の合計 59,759 人（前年度 59,292 人)。　・加害児童生徒のうち学校が何らかの措置をとった児童生徒は、小学校で 105 人(前年度 77 人)、中学校で 1,265 人(前年度 1,237 人)、高等学校で 7,929 人（前年度 9,299 人)。　・加害児童生徒のうち関係機関により何らかの措置がとられた児童生徒は、小学校で 225 人(前年度 126 人)、中学校で 3,503 人(前年度 3,711 人)、高等学校で 448 人（前年度 537 人)。　・加害児童生徒に対する学校の対応における「連携した機関等」は、「警察等の刑事司法機関等と連携した対応」(「サポートチーム」の取組など)が最も多く、小学校で 284 人（前年度 225 人)、中学校で 4,440 人（前年度 4,359 人)、高等学校で 491 人（前年度 566 人)。

このような校内暴力については、次のことを指摘できる。第１に、近年では、小学校における校内暴力の件数が増えている。第２に、いじめと関連した校内暴力が発生している。第３に、校内暴力を減らすためには、家庭や地域と連携する必要がある。

(3) 青少年教育施設における学習の実情

青少年教育施設数は、2013 年（平成 23 年）において、1,048 施設である。その内訳は、少年自然の家が 243 施設、青年の家（宿泊型）が 149 施設、青年の家（非宿泊型）が 78 施設、児童文化センターが 51 施設、などである（注 5)。 開館年については、1966 年（昭和 41 年 ）代から 2005 年（平成 17 年）にかけて、多くの施設が開館している。青少年施設において実施される事業は、学級・講座、青少年団体研修、指導者研修、講演会・講習会・実習会、体育・レクリエーション行事である。青少年教育施設の利用団体は学校が一番多く、452,896 校であり、次に青少年団体グループが多く、146,491 団体であり、社会教育関係団体が 68,535 団体である。日帰り研修も宿泊研修も、学校の利用が最も多い（注 6)。

青少年教育施設における学級・講座の開設状況を見ると、2012 年（平成 22 年）度では、14,781 講座である。その中で、青少年対象の学級・講座は、8,9431 講座である。学習内容別に内訳を見てみると、「教養の向上」が 9,073 講座、その中の「趣味・けいこごと」が 3,704 講座、「体育・レクリエーション」が 2,755 講座、「家庭教育・家庭生活」が 760 講座、「職業知識・技術の向上」が 208 講座、「市民意識・社会連帯意識」が 157 講座、「指導者養成」が 442 講座である（注 7)。 これらのことから、青少年教育施設における学級・講座の中心は、「教養の向上」であることが理解できる。

社会教育施設は、青少年の健全な育成を図る観点から、青少年健全育成関係施設とも呼ばれている。2001 年（平成 13 年）2 月 28 日付けの青少年育成推進要綱は、青少年の育成を「社会全体の責務」として位置付け、青少年の育成を「国政上の最重要課題の一つ」としている。青少年行政の運営について、関係省庁の役割を、次のように述べている。

「関係省庁は、青少年が様々な社会体験、自然体験、スポーツ・文化活動等を通じ、豊かな人間性や多様な個性をはぐくんでいけるよう、基盤的制度・システムの整備、情報提供、関係者のネットワーク化の促進といった、民間・地域の主体的取組を誘発・支援するための環境整備に努めるとともに、これまで以上に、国民、民間団体との対話、協力を重視した運営に努める。」

青少年の「社会体験、自然体験、スポーツ・文化活動等」は、青少年健全育成関係施設や社会教育関係団体によって行われている。主要な青少年健全育成関係施設の設置状況を見てみると、必ずしも施設数が増加しているとは限らない。

2006 年(平成 18 年)、独立行政法人国立オリンピック記念青少年総合センター、独立行政法人国立青年の家、独立行政法人国立少年自然の家が統合され、独立行政法人国立青少年教育振興機構が設立された。国立少年の家14個所は国立青少年自然の家に、国立青年の家13個所は国立青少年交流の家に名称変更された。国立青少年教育振興機構の目的は、独立行政法人国立青少年教育振興機構法第 3 条で、次のように規定している。

「独立行政法人国立青少年教育振興機構（以下『機構』という。）は、青少年教育指導者その他の青少年教育関係者に対する研修、青少年の団体宿泊訓練その他の青少年に対する研修、青少年教育に関する施設及び団体相互間の連絡及び協力の促進、青少年教育に関する団体に対する助成金の交付等を行うことにより、青少年教育の振興及び健全な青少年の育成を図ることを目的とする。」

国立青少年教育振興機構のホームページ（注 8）によれば、国立オリンピック記念青少年総合センターは、「都市型の青少年施設として、青少年教育関係者等の学習活動を促進するため教育的支援を行ってい」る。国立青少年交流の家に名称変更された。国立青少年自然の家は、「野外活動や環境学習といった自然体験を中心とした教育プログラムの企画・実施を行ってい」る。国立青少年交流の家は、「ボランティア活動や就労体験といった交流体験を中心とした教育プログラムの企画・実施を行ってい」る。

国立青少年教育施設の在り方に関する検討会の「今後の国立青少年教育施設の在り方について（報告書）～新たな視点に立った体験活動の推進について～」（注 9） によれば、公立の少年自然の家は 253 施設、青年の家が 263 施設あり、合計 516 施設となっている。施設の利用対象は、地方自治体の青少年である。地方自治体の財政状況が厳しいため、施設の数は減少傾向にある。

少年自然の家は、「少年たちが恵まれた自然環境の中で仲間たちとの宿泊生活を送りながら、自然体験、集団体験、あるいは自己充足体験などを通じて、健康で心豊かな人間形成を図る」ために設置されている。青年の家は、「集団宿泊生活と多様な研修プログラムを通じて健全な青年の育成を図ることを目的とした社会教育の機関である」と説明されている（注10）。

これらの施設数が減少した理由として、第 1 に、利用者が減ったこと、第2に、青少年の関心が向かないこと、第3に、青少年の行動様式や考え方の変化などを指摘できる。これらの理由を詳しく見てみよう。第 1 に、施設の利用者が減ると、施設の存在意義がなくなる。公立や公営の施設においても、利用者が減れば、いつまでも施設を存続させるわけにはいかない。

第 2 に、青少年の関心が時代とともに変わることも考えなくてはならない。カラオケが大流行し、多くの店が開店したけれども、いくつかの店は閉店してしまった。その後、携帯電話が爆発的に普及しつつある。一説には、携帯電話の料金を支払うために、カラオケに行く回数が減ったとも言われている。

第 3 に、青少年の行動様式や考え方が変化し、友人と一緒に旅行したり、学習したりすることを楽しいことと思わない青少年が出てきたのではないだろうか。旅行についても、自動車でキャンプやバーベキューに行くことが好まれるようになったと思われる。

3　若年無業者・フリーター・ひきこもり

若年無業者は、15～34 歳の非労働力人口のうち、家事も通学もしていない者である。2012 年（平成 24 年）度の若年無業者は 63 万人であり、15～34 歳人口に占める割合は 2.3％である（注 11）。

フリーターは、15～34 歳で、男性は卒業者、女性は卒業者で未婚の者のうち、①雇用者のうち勤め先における呼称が「パート」か「アルバイト」である者、②完全失業者のうち探している仕事の形態が「パート・アルバイト」の者、③非労働力人口で家事も通学もしていない「その他」の者のうち、就業内定しておらず、希望する仕事の形態が「パート・アルバイト」の者、である。

15～34 歳のフリーターは 180 万人であり、15～34 歳人口に占める割合は 6.6％である。年齢別では、15～24 歳では、2009 年（平成 21 年）以降減少している一方、25～34 歳の年長フリーターは増加している。

ひきこもりは、狭義の定義と広義の定義に区分されている。狭義のひきこもりは、①ふだんは家にいるが、近所のコンビニなどには出かける、②自室からは出るが、家からは出ない、③自室からほとんど出ない、を意味している。狭義のひきこもりは、23.6 万人である。準ひきこもりは、「ふだんは家にいるが、自分の趣味に関する用事のときだけ外出する」を意味している。準ひきこもりは、46.0 万人である。広義のひきこもりはひきこもりと準ひきこもりを合わせたものであり、69.6 万人になる。

ひきこもりになったきっかけは、「職場になじめなかった」が 23.7%、「病気」が 23.7%、「不登校（小学校、中学校、高校）」が 11.9%、「人間関係がうまくいかなかった」が 11.9%、「大学になじめなかった」が 6.8%である。

これらの中のフリーターについては、正規雇用されていないので、身分が不安定である。正規雇用されている人に比べて、給料や生涯賃金が安いだけではなく、社会的地位も低い。長期間にわたってフリーターを続けていると、正規雇用される機会が少なくなっていく。フリーター自身が、将来の生活に不安を感じていると推測できる。

注

(1) 2015 年（平成 27 年）3 月 6 日付けの東京新聞朝刊、
http://www.tokyo-np.co.jp/article/politics/news/CK2015030602000146.html

(2) 内閣府、「子ども・若者育成支援推進法」概要図
www8.cao.go.jp/youth/suisin/pdf/s_gaiyo.pdf

(3) 以下の記述は、下記を参照した。
文部科学省、『平成 25 年度　子ども・若者白書』（印刷通販、2013 年）16～19 ページ。

(4) 文部科学省初等中等教育局児童生徒課、「平成 25 年度「児童生徒の問題行動等生徒指導上の諸問題に関する調査」等結果について」平成 26 年 10 月 16 日
http://www.mext.go.jp/b_menu/houdou/26/10/1351936.htm

(5) 文部科学省、『平成 23 年度　社会教育調査報告書』（日経印刷、

2013
年）400ページ。
(6) 同上、428ページ。
(7) 同上、424ページ。
(8) http://www.niye.go.jp/about/history.html
(9) 国立青少年教育施設の在り方に関する検討会、「今後の国立青少年教育施設の在り方について（報告書）～新たな視点に立った体験活動の推進について～」平成23 年2 月、
http://www.mext.go.jp/b_menu/shingi/chousa/sports/010/attach/1302928.htm
(10) 文部省、『学制百二十年史』（ぎょうせい、1992年）
http://www.mext.go.jp/b_menu/hakusho/html/others/detail/1318435.htm
(11) 以下の記述は、下記を参照した。
文部科学省、『平成 25 年度　子ども・若者白書』前掲書、38～39ページ。

第９章　成人の教育

教育という言葉は、子どもに対する教育を連想させる。従来、教育は、子どもを中心に考えられてきた。しかし、大人の教育も、子どもの教育と同じように重要である。子どもとみなされる年数よりも、大人でいる年数の方が、はるかに長い。教育が一生涯続くとすれば、大人の教育の在り方を考えなければならない。子どもの教育を意味するペダゴジーとともに、成人の教育を意味するアンドラゴジーが、教育用語として確立しつつある。子どもに対する言葉は大人であるけれども、成人という言葉の方がよく使用されている。

本章では、成人教育の意味を明らかにし、学習者としての成人の特徴を指摘する。そして、成人の学習目的、学習課題、学習方法を具体的に述べる。第１に、成人教育の定義を検討する。そして、成人の教育を意味するアンドラゴジーの特徴を子どもの教育を意味するペダゴジーと比較する。第２に、学習者としての成人の特徴を指摘する。第３に、成人の学習目的と学習課題を追求する。第４に、成人の学習方法を具体的に述べる。

１　成人教育の意味

(1) 成人教育の定義

成人教育は、成人を対象とする教育のことである。成人教育をこのように言い換えても、その意味は明らかになっていない。成人教育を十分理解するためには、もっと詳細な説明が必要である。

広辞苑第五版によれば、成人という言葉は、次のことを意味している。

「①　幼い者が成長すること。成年に達すること。また、その人。成年以上の人。おとな。②　青年期に続き、心身の発育を終え、一人前となった者。現在、わが国では男女とも満二〇歳を以て成年とする。」

広辞苑の第１の成人の規定は、「成年以上の人。おとな。」となっており、具体的な年齢は定められていない。この規定に従えば、年齢が 25

歳以上の人を成人と規定しても、まちがいではない。第2の規定では、「満二〇歳を以て成年とする」とされ、機械的に年齢を基準として成人を定めている。

成人教育は、狭い意味と広い意味を持っている。狭い意味の成人教育は、子どもと高齢者を除いた、成人を対象とする社会教育を指している。ただし、高齢者を成人の一部と考え、高齢者の教育を成人教育に含ませることもある。他方、広い意味の成人教育は、子どもを除いた成人に対する教育的援助、政策、学習方法や内容などを指している。

いずれの意味も、一種のあいまいさを含んでいる。「成人」という言葉は、「子ども」と同じようにあいまいな言葉である。子どもは親と対比された言葉であり、単独で用いる時、年齢の幅がはっきりしていない。50歳の成人でも、75歳の母親から見れば、子どもである。成人という言葉を使用する時には、未成年という言葉と対にして使用すべきである。もし成人を、年齢で区切り、「満二〇歳」以上の成年と理解すれば、高等学校卒業者で18歳と19歳の者は、成人教育の対象者ではなくなってしまう。これらの者の受ける教育は、「青年期教育」とでも呼ぶのであろうか。さらに言えば、中学校卒業者で就職した者は学校教育以外の教育を受けられないのか。このように考えると、成人を年齢で区切ることは、好ましくないことになる。

では、年齢ではなく、「一人前」になった者を成人とみなすと、いつの時点でそれを判別するのかが問題となる。個人差が大きすぎて、「一人前」の統一的な基準は、設定しにくい。

厳密な意味では、成人教育は、中学校、高等学校、中等教育学校、短期大学、大学、大学院、専門学校（専修学校）を卒業した者を対象とする。大学などを中退した者も、その中に含まれている。

成人が「成年以上の人」を意味するなら、高齢者の教育は当然、成人教育の中に含まれる。高齢者の教育が注目を浴びるようになったのは、ごく最近のことである。成人教育自体、1970年代以降に体系的な研究がされるようになり、比較的新しい学問領域なのである。高齢者の教育は成人教育の一部であり、今後さらに研究の成果が期待される。

宮崎冴子氏によれば、成人期は、ヤングアダルトエイジ（20～34歳頃)、ミドルエイジ(35～49歳頃)、後期ミドルエイジ(50～64歳頃)、シニアエイジ(65歳以上)に区分できる (注1)。この中のシニアエイジが、高齢者である。また、65歳以上の高齢者は、70歳までのヤングオールドエイジとそれ以降のオールドオールドエイジに区分されることもある。さらに、65歳以上から74歳までの高齢者を前期高齢者、75歳以上の高齢者を後期高齢者と呼び、統計を集計する時の区分方法として使用されている。

(2) アンドラゴジー

アンドラゴジーは成人の教育の意味であり、ペダゴジーと対比して用いられている。ペタゴジーは子どもの教育を意味しており、近年まで教育の中心的な課題であった。語源的に説明すれば、ペダゴジーという用語は、ギリシア語のpaid(子どもを意味する)という語とagogas(指導を意味する)という語の合成語である。他方、アンドラゴジーという語は、ギリシア語のandros(成人を意味する)という語とagogas(指導を意味する)という語の合成語である(注2)。

アンドラゴジーの狭い意味は、「成人の学習を援助する技術の学問」である。広い意味は、「成人教育の政策、制度および実施過程全体を体系的に研究する学問」である(注3)。

アンドラゴジーの意味を理解するためには、ペダゴジーと比較することが近道である。ペダゴジーは子どもの教育を意味しているけれども、主として学校教育を意味すると理解できる。学校教育以外の教育では、家庭教育、社会教育がありうる。ペダゴジーと比べると、アンドラゴジーは次の特徴を持っている。

第1に、教師の位置付けがはっきりしていない。成人の学習場面において、教師は助言者の役割を果たすことが多い。あるいは、学習意欲を持つ成人が複数集まれば、教師がいなくても学習は成立する。成人同士で集団学習をすればよい。教師の資格についても、成人の学習場面では、教育職員免許状を必要としない。教師は、特定の技術を持っていたり、特定の領域の専門家であったり、特定の事柄について詳しく知っていたりすればよい。教師の持つべき技術や知識の範囲が広いので、教育職員免許状の考え方が成り立たない。

他方、ペダゴジーにおいて、教師の資格は厳密に定められており、幼稚園、小学校、中学校、高等学校、中等教育学校、特別支援学校の教育職員（主幹教諭、指導教諭、教諭、助教諭、養護教諭、養護助教諭、栄養教諭及び講師）は、各相当の教育職員免許状を有する者でなければならない。

第2に、教育の対象が成人である。このことは、教育内容や教育方法を決める時に重要となる。教育内容については、学校教育の学習指導要領のように、教育課程の基準が設定されていない。教育方法についても、一斉指導、集団指導、個別指導の中のどの方法を採用するのかはむずかしい問題である。

ペダゴジーにおいて、対象は子ども特に児童・生徒である。児童・生徒の発達の様子、興味や関心、学力の程度などについては、教師が把握している。学校教育においては、学習指導要領に基づいて教科書が作成されているので、教育内容が前もって設定されている。総合的な学習の時間は、教師の自由な創意・工夫が求められる時間である。

第3に、教育目標は、成人自身が設定する。成人の学習においては、教育目標ははっきりしており、成人自身が設定している。成人の学習では、あいまいな教育目標のまま学習は成立しない。一定の教育目標を実現させるために、成人は学習に動機付けられる。たとえば、仕事の上で必要になったから、英語を学習するようになったり、パソコンの操作の仕方を学習するようになったり、法律的な知識を学習するようになったりする。いずれの場合も、教育目標が明確なので、成人の学習意欲は高く、学習の成果も上がりやすい。

ペダゴジーにおいて、残念ながら教育目標は、学習者にはっきりと認識されていない。教科の目標は各学校段階の学習指導要領に掲載されており、本時の教育目標は学習指導案に記述されている。教師は教育目標を十分理解している反面、学習者である児童・生徒の側はそれほど理解していないことが多い。

第4に、教育内容は、学校教育と比較して、多様である。成人の学習は、成人の興味や関心に沿って行われることが多い。教育内容は学習者自身が選択することになる。成人の興味や関心は多方面にわたっているので、教育内容の範囲も広くなり、多様になる。

ペダゴジーにおいて、教育内容は学習指導要領によって画一的に選択されている。日本全国、どこの学校においても、児童・生徒が学習する教育内容は同一である。ただし、最近では、文部科学省の説明によれば、学習指導要領は教育課程の「最低」基準を示すものという位置付けがされている。学力の進んだ児童・生徒に対しては、もっと高度な内容を学習させてもかまわない。

2　成人の特徴

学習という観点から見ると、成人は、子どもとは異なった特徴を持っている。第1に、発達の程度が子どもとは異なっている。子どもの発達は未成熟な部分が多い反面、成人は成熟した大人であり、十分発達した存在である。成人は、知的、情緒的、社会的に十分発達している。学習している分野以外のところで、りっぱな業績を上げていてもおかしいことではない。教師は、成人が十分に成熟していることを忘れてはならない。このことは、教育方法にも関係してくる。成人を指導する際には、強制するよりも説得する方が効果的である。教師は、学習者である成人と対等な立場で向かい合うことになる。

第2に、成人の興味や関心は、子どものものとは大きく異なっている。成人の興味や関心は、職業に関するものと職業に関しないものに分類できる。後者は、趣味と言い換えられる。職業に関する学習は、仕事を進める上で必要になった知識や技術を習得することである。この学習は実務的な内容であり、すぐに役に立つという即時性を持っている。学校教育では、職業に関する学習は、主として高等学校における専門教育の中で取り扱われている。この専門教育は職業教育のことであり、職業に必要な知識や技術から構成されている。

職業に関連しない趣味については、特に高齢者と関連がある。週休2日制が普及すると、自由時間が増え、趣味に費やす時間が増えてきた。特に、高齢者は、仕事を退職していることが多いので、自由時間が多く、趣味に目を向けるようになる。60 歳代の人は、体力もあり、意欲も高いので、熱心に趣味に取り組む。もっと意欲が高まると、大学や大学院に進学し、知識や技術の学習が趣味の一部になることもある。

第3に、成人が学習する時の気持ちが、子どものものとは異なっている。成人が学習する時には、今まで蓄積してきた経験から逃れられない。成人は、自分の歩んできたことに対して誇りを持っており、ゼロから出発することができない。成人は、学習している最中にも、プライドを持ち続けている。子どもにもプライドがあるけれども、成人のものとは質量ともに大きく異なっている。教師は、成人のプライドを認めた上で、指導に当たらなければ、十分な学習成果を得ることができない。

第4に、成人は、記憶力などは優れていないかもしれない。20歳をすぎれば、たいていの成人は記憶力が減退する。体力も落ちてくる。年をとれば、集中力も落ちてくる。その結果、学習の効率は悪くなるかもしれない。しかし、誰でも学習すれば、必ず成長が見られる。どの年齢の成人でも、学習を行えば、その結果として一定の成果を得ることができる。学習の可能性は、どの年齢の成人にも開かれている。

3　成人の学習目的と学習課題

(1) 成人の学習目的

成人が学習する時の学習目的は、何であろうか（注4)。第1に、職業に関する学習目的がある。現在の仕事に役立てるため、あるいは、新しい仕事に就くためという学習目的は、実際の学習においても、学習ニーズにおいても、かなりの割合を占めている。高度な専門性を身に付けるため、資格取得のためという学習目的も、職業に関する学習目的の一部と考えられる。

第2に、家庭・日常生活をよりよくするためという学習目的は、成人の学習要求が実用的な知識や技術を求めていることを示している。

第3に、教養を高めるためという学習目的は、比較的大きい位置を占めている。教養の中に何が含まれるかは、あいまいな部分がある。たとえば、語学の学習は、教養の一部なのか、それとも独立した項目と考える方がよいのか、疑問である。

第4に、芸術・芸能・趣味を身につけるためという学習目的は、意外に割合が高い。ただ、芸術と芸能は多少関連があっても、趣味と並列することには、違和感を覚える。

第5に、生きがいや楽しみのためという学習目的は、自由時間が豊富にあることを前提にしている。楽しんで学習ができれば、これほど幸せなことはないであろう。

第6に、友人関係を深めるため、友人を得るためという学習目的は、学習の本来の意義からは外れている。しかし、友人を作ることは、学習を継続的に行うことにつながる。

(2) 必要課題と要求課題

学習課題は、学習者の持っている学習に対する要求や課題のことである。学習課題は、要求課題と必要課題に分類される。要求課題は、「人々が暮らしていく上で直接に興味・関心を持ち、学習への動機づけをもっている」課題である。必要課題は、「学習者自身は必ずしも自覚的にその学習の必要性を感じていないかもしれないが、現代社会にあってその構成員としてまたその社会の存続のために学習していくことが求められる」課題である。ただし、必要課題でも、学習者が興味・関心を持ち、学習に取り組めば、要求課題ともなりうる（注5）。

要求課題は、「原則的には家庭生活や職業生活あるいは余暇など個人生活のさまざまな局面から生じる極めて個人的な要求に基づく学習課題」である。必要課題は、さらに発達課題、社会的課題、地域的課題に区分できる。発達課題は、「乳幼児期から高齢期までの発達の順次性やライフサイクルの変化に応じて生起する課題の解決のための学習課題」である。社会的課題は、現在ないし将来の社会がその構成員に要求する学習課題」である。地域的課題は、「地域社会が人々の民主的かつ快適で文化的な生活空間としてあるための課題」である（注6）。

1992年（平成4年）7月29日付けの生涯学習審議会答申「今後の社会の動向に対応した生涯学習の振興方策について」は、現代的課題に対する学習機会を充実するように提言している。現代的課題は、「社会の急激な変化に対応し、人間性豊かな生活を営むために、人々が学習する必要のある課題」である。このような現代的課題は、主として必要課題の中の社会的課題に対応している。「社会の急激な変化」は、「科学技術の高度化、情報化、国際化、高齢化の進展」などによってもたらされる。答申は、「ひとびとが社会生活を営む上で、理解し、体得しておくことが望まれる課題」として、「地球環境の保全、国際理解等の世界的な課題をはじめ、高齢化社会への対応、男女共同参画型社会の形成等」を挙げている。「現時点における具体的な現代的課題」として、「生命、健康、人権、豊かな人間性、家庭・家族、消費者問題、地域の連帯、まちづくり、交通問題、高齢化社会、男女共同参画型社会、科学技術、情報の活用、知的所有権、国際理解、国際貢献開発援助、人口・食糧、環境、資源・エネルギー等」が挙げられている。この中の「健康、家庭・家族、高齢化社会」は、発達課題に対応しており、「地域の連帯、まちづくり」は、地域的課題に対応している。

地域的課題については、1996年（平成8年）4月24日付けの生涯学習審議会答申「地域における生涯学習機会の充実方策について」が、「地域社会の中で様々な学習機会を提供している機関や施設の生涯学習機能の充実という視点から検討を加え、提言を取りまとめ」ている。この答申は、機関や施設を4つの類型に分け、現状の課題、現状を改善するための方策を提言している。

① 大学をはじめとする高等教育機関。

② 小・中・高等学校など初等中等教育の諸学校。

③ 社会教育・文化・スポーツ施設。

④ 各省庁や企業の研究・研修のための施設。

答申では、これらの機関や施設を超えて、横断的、総合的に取り組むべき課題として、次の4点が指摘されている。第1は、施設間の連携・協力の推進である。第2に、情報化・マルチメディアへの対応である。第3に、ボランティアの受け入れである。第4に、市町村教育委員会の活性化である。

(3) 成人の学習課題

成人が直面する主な学習課題を挙げれば、職業に関するもの、結婚と子育て、親の介護、老後への準備、である。これらは主として要求課題であり、一部は発達課題である。これらの学習課題を順に見てみよう。
第1に、職業に関する学習課題は、職業に従事している間、常に存在している。さらに、仕事に就いていなくても、離職しても、働く意欲があれば、この学習課題が存在する。仕事に就くことは、その仕事に特有の知識や技術を習得することを前提にする。一般的には、最初の研修によって、仕事の内容を覚える。その後は、職種によって、継続的な研修を行ったり、自分自身で知識や技術を洗練したりすることが要求される。ほとんどの職種において、必要な知識や技術を再び学習することが必要になる。会社での地位によっては、英語の語学力が要求されることがある。一定の語学力を習得しないと、その地位にとどまれないこともありうる。

仕事の内容がずっと同じで変わらないことはない。仕事を続けていれば、多かれ少なかれ、変化がある。情報化が進み、パソコンを取り扱うことは、特殊なことではなくなった。誰でもパソコンを取り扱えることが、あたりまえのこととなりつつある。

第2に、結婚と子育ては、成人の学習課題のひとつである。結婚については、結婚しないという選択肢もあり、男女ともに、結婚しなくても、それほど困らない時代になっている。結婚しても、意識的に子どもを作らない選択肢もある。選択肢は増えたけれども、結婚と子育てはそれぞれむずかしい学習課題である。結婚については、離婚という選択肢がある一方、子育てについては、子育てをやめるという選択肢はない。かつては、結婚しないと一人前とみなされないこともあった。しかし、現在では、結婚に対する社会の圧力は減っている。

子育てについては、状況はますます悪くなっている。家庭の教育力が弱まっていることが指摘され、それを回復させることが期待されている。たとえば、1987年（昭和62年）8月7日付けの臨時教育審議会の教育改革に関する第四次答申では、家庭の教育力の回復を主張している。

「家庭が自らの役割や責任を自覚するとともに、家庭基盤の整備の推進、家庭・学校・地域の連携などにより、乳幼児期における親子の絆の　形成や社会生活に必要な基本的な生活習慣を身に付けさせることなど、家庭の教育力の回復を図る必要がある。」

文部科学省は、家庭の教育力を回復させる方法のひとつとして、「家庭教育手帳」や「家庭教育ノート」を作成している。「家庭教育手帳」では、家庭でのしつけの在り方が記載され、「家庭教育ノート」では、小・中学生についての家庭教育の課題が取り扱われている。1998年（平成10年）度から、都道府県の電話による相談体制と連携して、臨床心理士や医師など専門的な知識や技能を有する者を「家庭教育カウンセラー」として活用し、相談体制の充実を図るための調査研究を都道府県に委託している。

このように、家庭教育に関しては、学習環境が整いつつあるので、子どもの両親は、子育てについて学習することが容易になっている。

第3に、親の介護は、対岸の火事ではなく、誰にでも起こりうることである。親が高齢になれば、病気がちになることが多い。もちろんすべての親が、介護を必要とするわけではない。介護をする余裕もなく、親が亡くなることもある。親が介護を必要とするようになった時、介護することは子どもとして当然のことである。

介護のやり方については、ほとんどの人がよく知らない。ベッドから車椅子に移動させる時、どこをどのように持って移動させるのか。着替えをさせる時、どのようにすればよいのか。介護について、学習することは多い。介護のやり方だけではなく、介護保険制度も十分理解しておかなければ、それを利用することはできない。介護保険制度による介護度の認定を受けなければ、老人保健施設への入所を申し込むことができない。介護度によって、受けられるサービスの上限が異なってくる。

第4に、老後の準備という学習課題がある。平均寿命は、男子の場合80.21歳、女子の場合86.61歳（2013年（平成25年））である。しかし、いつの時点から老後が始まるかははっきりしていない。定年退職の後、または65歳から老後が始まるとすると、十数年、人によっては20年を超える老後が待っている。この長期にわたる老後をどのように過ごすか。これは大きい問題である。

老後の過ごし方は、若い時から考えておかなければならない。たとえば、老後の生活費をどうするか。定年退職の後に生活費を稼ごうとしても、なかなかむずかしい。年金だけでは、老後を楽に過ごすことができないのが現状である。生涯現役の職業に就いていれば、それほど生活の心配はない。しかし、多くの人は、定年が設定された仕事に就いている。年をとれば、病気にかかる割合が多くなり、働く意思はあっても、働けないこともある。老後に住むところを別に考えていれば、前もって準備しなくてはならない。高齢者が安心して暮らせるような快適な場所は、多くはないであろう。気候がよくて、買い物に便利で、病院が近くで、友人が作れるような場所は、なかなか見つからない。

成人の学習課題については、1971年（昭和46年）4月30日付けの社会教育審議会答申「急激な社会構造の変化に対処する社会教育の在り方について」が、6つの内容領域を区分している。これらの内容領域は、今後拡充を図っていく必要がある社会教育の内容として位置付けられている。

ア　教養の向上、情操の陶冶に資する教育
イ　体育・レクリェーションに関する教育
ウ　家庭教育の振興、家庭生活の向上に資する教育
エ　職業に関する知識・技術の向上に資する教育
オ　市民意識・社会連帯意識のかん養に資する教育
カ　国際性の啓培に資する教育

これらの内容領域は、社会教育、生涯学習の統計データをまとめる時にしばしば用いられている。

4　成人の学習方法

成人が学習したいことは、学習ニーズと総称される。学習ニーズのひとつとして、具体的な学習が決められる。たとえば、ある成人がＩＴ（情報技術）について学習したいと仮定する。ＩＴについて、どのような学習方法があるか。この問題を考えてみよう。

第1に、近くの本屋に行って、ＩＴに関連する本を自分で買ってきて読むことができる。しかし、本屋の店頭に並んでいる本の冊数には限度がある。そこで、もっとよい方法は、県・市町村立の図書館を利用することである。特に、市町村立の図書館は、距離的にも近くにあり、利用しやすい。図書館にいき、ＩＴについての本を紹介してもらえば、自分

で探す手間が省ける。どこの図書館でも、このようなレファランス・サービスをしてもらえる。図書館には、一定の規模の蔵書があり、成人が必要な本が見つかるであろう。何よりも、図書館の魅力は、入館料、本などの図書館資料の利用料が無料であることである。

市町村立の図書館の例として、犬山市立図書館がある。図書館資料を利用できる者は、愛知県と岐阜県に在住する者である。館外利用できる図書の数は、10 点以内であり、個人が利用できる期間は。15 日以内であり、利用者の年齢制限はない。

犬山市立図書館のホームページによれば、2014 年（平成 26 年）3 月 31 日現在、図書資料の総数は、240,112 冊になる。一般書は 167,592 冊であり、児童書は 72,520 冊である。視聴覚資料の中の映像資料の総数は、3,009 点であり、聴覚資料の総数は、2,859 点である。登録者数は、累計で 74,447 人である。毎月約 1 万人の利用者があり、約 3 万 5 千冊から 4 万 6 千冊の貸し出しがある（注 7)。

第 2 に、県や市町村の教育委員会の生涯学習課が主催する講座が、成人の学習に役立つ。どの県、どの市町村であれ、それぞれ生涯学習のための講座を開催している。いわゆる行政主導の講座である。講座の内容が成人の関心に合致すれば、受講することも有益であろう。

2010 年（平成 22 年）度の都道府県・市町村教育委員会における社会教育学級・講座の開設状況については、1,615 の教育委員会で、120,164 の学級・講座が実施された。開設されている学級・講座の内容を見てみると、「教養の向上」が 15,219、「趣味・けいこごと」が 26,741、「体育・レクリエーション」が 21,211、「家庭教育・家庭生活」が 40,122、「職業知識・技術の向上」が 880、「市民意識・社会連帯意識」が 10,839、「指導者養成」が 2,375 である（注 8)。

第 3 に、大学や短期大学が主催する公開講座が、成人の学習機会を提供している。大学の公開講座については、学校教育法第 107 条によって、次のように規定されている。

「大学においては、公開講座の施設を設けることができる。

② 公開講座に関し必要な事項は、文部科学大臣が、これを定める。」

大学の公開講座は、主として 2 つの理由から拡大し充実することが要請されている。ひとつの理由は、大学の持っている研究・教育の成果を地域住民に広く開放し、地域に開かれた大学を目指すことである。もうひとつは、社会人の学習の機会を拡充し、大学の持っている専門的な知識、技術を活用することである。特に、職業教育については、高度の専門的知識、技術を教授することが期待されている。

「平成24年度　開かれた大学づくりに関する調査研究（概要）」（注9）によれば、732大学の中で、93.1%の592大学で、公開講座が実施されている。80.7%の513大学では、社会人入学者を受け入れている。83.0%の528大学で、教員を外部での講座講師や助言者、各種委員として派遣している。

たとえば、名古屋経済大学では、大学公開講座として、「犬山オープンカレッジ」を開講している。受講対象者は、「一般」となっている。会場は、第1・3・4回は、犬山国際観光センター「フロイデ」で、第2回は、名古屋経済大学で開催される。開講時間は、第1・3・4回が午後2時から4時であり、第2回が10時30分から12時30分である。定員は、150名である。受講料は、無料である。2014年（平成26年）度のテーマは、次のとおりである。

第1回　9月27日（土）

「お金のセンスのある人、ない人－会計的思考法とその実践－」

第2回　10月11日（土）

「すし屋で恥をかかないために」

第3回　11月22日（土）

「総理大臣の選び方」

第4回　12月20日（土）

「うつ病とマインドフルネス認知療法」

大学が主催する公開講座の中には、規模が大きく、充実した講座を開講しているところもある。3カ月から半年の長期間にわたる講座は、内容が充実している反面、有料であることが多い。大学の公開講座を受講する時には、自分の興味・関心に合うことはもちろん、体力、費用のことも考慮しなければならない。

次に、高等学校では、高等学校開放講座を開設している。高等学校開放講座は、所管する教育委員会が高等学校の教育機能を地域の住民に開放する事業である。文部科学省は、1988年（昭和63年）度から、都道府県が行う高等学校開放講座に対して助成を開始している。

第4に、公民館において、各種の学級や講座が開設されている。公民館は地域に密着した施設であり、地域住民が利用しやすい施設である。公民館における学級・講座の開設状況については、全国で9,898館の公民館が開設している。開設されている学級・講座の内容を見てみると、「教養の向上」が25,694、「趣味・けいこごと」が167,673、「体育・レクリエーション」が66,328、「家庭教育・家庭生活」が74,725、「職業知識・技術の向上」が3,650、「市民意識・社会連帯意識」が27,909、「指導者養成」が2,555である（注10）。

第5に、民間のカルチャー・センターなどが主催する講座が、成人の学習機会になる。これらの講座は内容が多様であり、長期間にわたる連続講座が多い。多くの講座は有料であり、出費も覚悟しなければならない。何らかの資格を取得できる講座もあり、趣味に近い講座もある。民間が主催する講座は、種類が多く、内容も多岐にわたるので、成人が受講する時には、選択することが必要になる。目的意識をはっきりと自覚することが大切である。

企業系列別の事業者として、新聞社、放送局、百貨店・量販店、金融系・交通系機関などが、カルチャー・センターを運営している。たとえば、中日新聞社の系列の栄中日文化センターでは、1300講座・2万4千人の会員数である。中日文化センターは、東海北陸の各地に23センターを設置している（注11）。

講座の内容は、ジャンル別に「教養」、「外国語」、「キャリアアップ」、「書道」、「美術」、「陶芸」、「音楽」、「日本の芸能」、「日本の伝統」、「料理」、「服飾」「趣味」、「フラワー・園芸」、「健康」、「ダンス」、「こども」、「紀行講座」に分類されている。「教養」は、さらに「文学」、「歴史」「芸術（鑑賞）」、「社会・自然科学」、「宗教・思想」、「創作」、「コミュニケーション」に区分されている。「文学」33講座の中の「源氏物語・全講」は、2015年（平成27年）3月から3か月間、月曜日の10時から12時まで、12回の講座である。受講料は、3か月で19,440円である。

これらの学習内容は、多種多様である。ただし、いくつかの傾向を読み取ることができる。まず、職業に関する内容が少ない反面、教養、趣味に関する内容が多くなっている。次に、「料理」や「趣味」などの実用的な内容が多い。講座の開設時間は、午前、午後、夜と多様である。午前や午後に開設する講座の対象は、専業主婦や高齢者など仕事に縛られない層であろう。

また、通信講座も、成人の学習機会を提供している。たとえば、ＮＨＫ学園生涯学習通信講座では、200 コース以上の通信講座を開設している。学習内容別の内訳は、「新講座リニューアル講座」（クセ字はなおる！基礎からのボールペン字、実践！ロコモ対策、知っておきたい認知症、新色えんぴつでアート、食育メニュープランナー®養成講座、「書道・ペン字」（書道、ペン字・筆ペン）、「俳句・短歌・川柳」（俳句、短歌、川柳）、「趣味・美術」（絵画・アート、手工芸・クラフト、音楽、写真、囲碁）、「教養・文章」（文章、歴史・教養、古典）、「生活・実用・語学」（健康・心理・マナー、植物・庭づくり、語学）、「資格」（法務系資格、財務・経理系資格、福祉・医療系資格、その他資格）である。これらの講座は、比較的長期間にわたるものが多くなっている。短い講座で３カ月、長い講座では１年間もかかる。費用について、多くの講座は、2～3 万円かかる。たとえば、「ＤＶＤで学ぶ新・書道入門」の講座は、６か月間、添削回数５回で 26,740 円、「はじめての俳句」の講座は、20,570円かかる。「司法書士」の講座は、１年間、12 回の添削回数で 284,600円かかる（注 12）。講座が長期間にわたり、費用が必要なことを考えると、受講生にはやり遂げるという覚悟が求められる。

注

(1) 宮崎冴子、『21 世紀の生涯学習』（理工図書、2001 年）145-180 ページ。

(2) 日本生涯教育学会（編）、『生涯学習事典』（東京書籍、1997 年）26 ページ。

(3) 池田秀男・三浦清一郎・山本恒夫・浅井経子、『成人教育の理解』（実務教育出版、1997 年） 6 ページ。

M.S.Knowles,The Modern Practice of Adult Education--From Pedagogy to Andragogy (Cambridge,1980)

邦訳、M・ノールズ、堀薫夫・三輪建治（監訳）、『成人教育の現代的実践－－ペダゴジーからアンドラゴジーへ』（鳳書房、2002 年）33-67 ページ。

(4) 山本恒夫・浅井経子・手打明敏・伊藤俊夫、『生涯学習の設計』（実務教育出版、1996 年）63 ページ。

(5) 倉内史郎・土井利樹（編）、『成人学習論と生涯学習計画』（亜紀書房、1994 年） 57-58 ページ。

(6) 同上、 59-60 ページ。

(7) http://www.lib.inuyama.aichi.jp/guide/index.html

(8) 文部科学省、『平成 23 年度　社会教育調査報告書』（日経印刷局、2013 年）66～67 ページ。

(9)http://www.mext.go.jp/a_menu/ikusei/daigaku/__icsFiles/afieldfile/2013/07/08/1288601_1_1.pdf

(10) 文部科学省、『平成 23 年度　社会教育調査報告書』前掲書、134 ページ。

(11) www.chunichi-culture.com/

(12) http://www.n-gaku.jp/life/course/#a03

第10章　高齢者の教育

少子化とともに高齢化が進みつつある。全人口に占める高齢者の割合が増えるにつれ、教育、医療、社会保障などの分野で対応が迫られるようになった。教育については、生涯学習の観点から、高齢者の教育を再構築しなければならない。概して高齢者は学習意欲が高く、多くの高齢者が、大学や教育委員会の講座、カルチャー・センターの講座を受講している。

本章では、高齢化の意味を確認し、高齢期の発達課題を明らかにし、高齢者が直面する課題を検討する。第1に、高齢者の定義を分析し、高齢化の要因を探究する。高齢化の国際比較を行い、平均余命の長期化を指摘する。第2に、高齢期の発達課題を述べる。高齢期の発達課題は、定年、発達的変化、家族とのかかわりである。第3に、高齢者の生涯学習を構築する。高齢者の不安を述べ、高齢者の関心事を明らかにする。高齢者に対する学習機会の提供方法を概観する。ボランティア活動を取り上げ、自分史についても触れる。第4に、高齢者にとって、死の持つ意味を考察する。死に対する意識を分析し、尊厳死を考える。

1　高齢者と高齢化

(1) 高齢者の定義

高齢者という言葉は、何歳以上の人々を指しているのか。一般的に言えば、高齢者は65歳以上の人々を指している。この規定は、1956年（昭和31年）の国連のWHO基準を引き継いでいる。国連の基準に基づいて、日本でも、65歳以上の人々を高齢者と呼んでいる。国連の基準に従えば、65歳以上の高齢者が全人口の7%以下の社会を成熟人口社会、7%以上14%未満の社会を高齢化社会、14%以上の社会を高齢社会と呼んでいる。

日本では、1970年（昭和45年）に、65歳以上の高齢者人口を全人口で除した高齢化率が、7%を超えていた。1994年（平成6年）には、高齢化率が14%を超えていた。2012年（平成24年）には、65歳以上の高齢者の高齢化率が、24.1%となっている。65～74歳人口は12.2%、75歳以上人口は11.9%である。2013年（平成25年）には、高齢化率が25.1%になることが予想されている。これは、日本国民の4人に1人以上が高齢者となることを示している。さらに、2035年（平成47年）には、高齢化率が33.4%に達し、国民の3人に1人が65歳以上の高齢者であることが予想されている。2060年（平成72年）には、高齢化率が39.9%になり、国民の役2.5人が65歳以上の高齢者になると推計されている（注1）。以上のことから、日本は既に高齢社会に突入しており、今後も高齢化が進むことが予想される。

一方、60歳以上の人々を高齢者と考える場合もある。日本では、1960年（昭和35年）までの国勢調査において、60歳以上を高齢者としていた。高齢単身世帯は、60歳以上の人一人のみの世帯又は60歳以上の人一人と未婚の18歳未満の者のみから成る世帯であった。高齢夫婦世帯は、夫又は妻のいずれかが60歳以上の夫婦1組のみの世帯又はいずれかが60歳以上の夫婦と18歳未満の人のみから成る世帯であった（注2）。

平均寿命が延びた現在では、70歳以上の人々を高齢者とみなす考え方もある。たとえば、老人医療は、70歳以上の人々を対象としている。一定の障害がある場合は、65歳以上となっている。1973年（昭和48年）から、国の施策として老人医療費支給制度が実施されるようになった。これは、70歳以上の高齢者に対して、医療保険の自己負担分を、国と地方公共団体の公費を財源として支給する制度であった。その後、1982年（昭和57年）に、老人保健法が制定された。この法律によって、70歳以上の高齢者が受診する際に定額負担を新たに導入した。その背景として、老人医療費が増大し過ぎたことが挙げられる。高齢者の行き過ぎた受診を抑制し、世代間の負担の公平化を目指すことが考えられた。その後、議論が続けられ、2008年（平成20年）4月から、75歳以上の人は、新たに独立した後期高齢者医療制度によって医療を受けることになった。

高齢者を前期高齢者、後期高齢者に区分することもある。前期高齢者は65歳から74歳まで、後期高齢者は75歳以上の人々である。平均寿命が長くなったため、65 歳以上だけの区分では他の世代と比較しにくいのかもしれない。

高齢者の範囲を固定的に設定することは、むずかしい。現実的には、平均寿命、人口統計の取り方、社会の状況などによって、高齢者の範囲も異なってくる。そもそも、何のために高齢者を取り扱うかによって、その範囲も異なったものになる。65 歳という年齢は便宜的な区分方法のひとつなのである。とりあえず、65 歳以上の人々を高齢者として取り扱うと、都合がよいことが多い。

(2) 高齢化の要因

日本で高齢化が進んだ要因として、死亡率（人口千人当たりの死亡数）の低下、食生活や栄養の改善、健康に関する意識の高まりなどが挙げられる。第 1 に、医学が進み、医療体制が充実するにつれて、人口千人当たりの死亡者数である死亡率が減少してきた。特に、乳幼児と高齢者の死亡率が改善されると、全体の死亡率が減少する。厚生労働省の「人口動態統計」によれば、1947 年（昭和 22 年）に 14. 6 であり、1979 年（昭和 54 年）には、6.0 と最低になった。死亡率は、近年上昇する傾向にあり、2012 年（平成 24 年）には 9.9 となっている（注 3)。

65 歳以上の死亡率は、死亡数の約 4 分の 3 を占めており、戦後一貫して低下の傾向にある。1950 年(昭和 25 年)の死亡率は 71.5 であり、1980 年（昭和 55 年）には 47.4、2000 年（平成 12 年）には 34.5 となり、65 歳以上の死亡率は、低下している。高齢者の死亡率を男女別に見ると、いずれの年齢層においても、女性の死亡率が男性の死亡率を下回っている。

第 2 に、食生活や栄養が改善され、死亡率が減少する一因になるとともに、平均寿命が延びる要因になっている。1950 年（昭和 25 年）の平均寿命は、男子が 58.0 歳、女子が 61.5 歳であった。1970 年（昭和 45 年）には、男子が 69.31 歳、女子が 74.66 歳であった。1990 年（平成 2 年）には、男子が 75.92 歳、女子が 81.90 であった。2011 年（平成 23 年）には、男子が 79.44 歳、女子が 85.90 歳となっている（注 4)。

日本人の生活環境がよくなり、食生活や栄養が改善されると、病気にかかる罹患率が減ってくると予想される。もともと和風の料理は、西洋の料理に比べ、健康にとって好ましい。豆腐、魚、野菜中心の和風料理は、肉中心の西洋料理に比べて、健康志向である。特に、豆腐は、アメリカなどの諸外国において健康料理のひとつとして普及しつつある。

第3に、健康に関する意識の高まりが、病気を遠ざけ、平均寿命を延ばしている。生活習慣病を予防するために、高血圧を避け、コレステロールや血糖値などをコントロールすれば、かなりの程度、脳疾患や心臓疾患、糖尿病を予防することができる。病気を予防するためには、健康に関する情報を提供することが大切である。

日本人がかかりやすい病気の原因を知り、若いうちから予防することが、クオリティ・オブ・ライフ（生活の質）を保つことにつながる。2011年（平成23年）において、65歳以上の高齢者人口10万人当たりの死亡者数を示す死亡率は、悪性新生物（がん）が970.3、心疾患が589.2、脳血管疾患が374.5となっている。これら3つの疾病で、高齢者の死因の半分を占めている。さらに、肺炎が406.3、老衰が176.3となっている（注5）。特に、心疾患と脳血管疾患のかなりの部分が、血圧のコントロールなど、日常生活の中で注意すれば、予防できる。医学の発達や薬の開発も重要である。それにもまして、それぞれの個人が自分の体の状態を把握し、病気の予防に努めることが求められている。

(3) 高齢化の国際比較

世界人口の動向を見ると、先進地域と開発途上地域との違いがよくわかる。先進地域とは、北部アメリカ、日本、ヨーロッパ、オーストラリア、ニュージーランドからなる地域を意味している。開発途上地域は、先進地域以外の地域を意味している。2010年（平成22年）において、先進地域の高齢化率は15.9であり、開発途上地域は5.8である。ドイツとイタリアの高齢化率は20.4、スウェーデンは18.2、スペインは17.0、フランスは16.8、イギリスは16.6、アメリカ合衆国は13.1である。一方、韓国の高齢化率は11.1、シンガポールは9.0、タイは8.9、中国は8.2、インドネシアは5.6、インドは4.9、フィリピンは3.6である（注6）。

2060年（平成72年）において、先進地域の高齢化率は26.2と推計され、4人に1人が65歳以上となる。開発途上地域でも、高齢化率は17.1と推計され、6人に1人が65歳以上となり、高齢社会となることが予想されている（注7)。以上のことから、高齢化は地球的な規模で確実に進むことが理解できる。

(4) 平均余命の長期化

日本人の平均余命は、1950年（昭和25年）に男性は58.0年、女性は61.5年であった。1960年（昭和35年）には、男性が65.32年、女性が70.19年となり、女性の平均余命が70歳を超えている。1970年（平成45年）には、男性が69.31年、女性が74.66年となっている。1980年（平成55年）には、男性が73.35年、女性が78.76年となっている。1990年（平成2年）には、男性が75.92年、女性が81.90年となっている。2000年（平成12年）には、男性が77.72年、女性が84.60年となっている。2010年（平成22年）には、男性が79.55年、女性が86.30年となっている。2011年（平成23年）には、男性が79.44年、女性が85.90年となっている（注8)。

平均余命が50年の時には、定年退職の後の老後はほとんど存在しなかった。たとえ老後があったにしても、その年数は短いものであった。現在では、勤務先の定年は、おおよそ60歳から65歳である。業績不振の企業ではリストラという名前の解雇があり、60歳以前の年齢でも退職しなければならない。不景気の時代では、中高年の再就職は、格段に困難である。勤務先を退職してからの期間は、比較的長くなっており、平均的には20年前後の時間がある。退職後の老後をどのように過ごすのか。これは、大きな問題である。

老後は、年を取ってからの時期であり、中高年や高齢者が直面する時期である。老後が20年前後にもなるので、その過ごし方も考えておかなければならない。

2 高齢期の発達課題

人間の一生を見通し、ライフサイクルの観点から65歳からの高齢期を見ると、高齢期は、人生の終わりに位置している。一日でたとえて言えば、高齢期は夕暮れ時である。高齢期は死に一番近いことは確かである。高齢期も、人生のひとつの段階として、克服すべき発達課題が存在している。高齢者の発達課題は、定年、発達的変化、家族とのかかわりである。以下において、これらの発達課題を順に見てみよう。

(1) 定　年

一部の職種を除いて、たいていの職業には、定年が定められている。自営業者は、自分の体が続かなくなったときに、事実上の定年を迎える。健康でなくては、仕事を続けられない。一般に、定年は、60 歳から 65 歳までの間に設定されている。最近では、60 歳より前であっても、会社からリストラという形で、あるいは、自ら早期退職をする形で、定年が早くなる場合が増えている。年金との接続を考えれば、65 歳まで勤めることが理想である。しかし、現実には、まだ 65 歳定年は、制度ができても、確立されていないところが多い。

定年は、定期的な収入が得られないという点で、経済的な転換の時期である。年金を受給するまでのつなぎ資金として、退職金が活用できれば、幸せである。定年の前と後では、経済的な豊かさが、格段に違ってくる。それにもまして、精神的な落ち込みは、なかなか回復しない。定年のはるか以前から、定年後の生活を計画することはむずかしい。会社人間ほど、立ち直りが遅い。定年を迎えた直後に、病気を発症する人がいることは、定年がいかに重要なことかを物語っている。

(2) 発達的変化

a．身体の衰え

身体的発達のピークは、20 歳前後である。20 歳前後から、身体的発達は口吟の一途をたどる。同様にして、体力もなくなってくる。身体の衰えは、40 歳を過ぎて老眼に気付く頃から顕著になる。細かい文字が見えにくいと思った時には、既に老化が始まっているのである。

40 歳を過ぎる頃から、病気にかかりやすくなる。これは、身体の抵抗力が減ってきたからである。勤務先の健康診断において、異常が発見されやすい時期である。「一病息災」という言葉のように、持病があっても、体をいたわれば、長生きも可能である。

60 歳を過ぎれば、無理のきかない身体になっている。病気にかかる罹患率は高くなり、ひどい場合には、入院を余儀なくされる。身体に大きな異常がなく、還暦を迎えられれば、その人は幸せな部類に入る。同窓会の名簿を見ると、既に鬼籍に入った者が、数名いる。もちろん、身体の衰えには個人差が大きく、健康で過ごしてきた人と病気がちな人との差は大きい。それでも、若い時期と比較すると、高齢者の身体的衰えは確実に存在する。

ｂ．知的変化

知的能力についても、高齢者は不利である。知的能力が最大限発揮できる時期は、10 代から 20 代、最大限 30 代までである。40 歳前後から、まず記憶力が減退する。新しいことがなかなか覚えられないし、かつて覚えたことをなかなか思い出せなくなる。物忘れも激しくなる。 60 歳を過ぎると、これらの傾向がますます顕著になる。

しかし、年を重ねることは、マイナス面ばかりではない。プラスの面も存在する。創造力を発揮することは、年齢とあまり関係がない。経験を蓄積した結果、問題状況に適切に対応することができる。長期間にわたってひとつのことに打ち込むと、熟練度が増してくる。熟練を必要とする技術をもった高齢者に、若い人はかなわない。高齢者の学習能力は、若い人に比べれば、多少劣るかもしれないけれども、高い意欲を持って学習している高齢者が増えつつあることも事実である。最近の研究によれば、高齢者の知能も十分に柔軟性を持っており、教育の可能性があることが明らかになりつつある（注 9)。

⑶ 家族とのかかわり

家族の状況は、時代とともに変化している。 65 歳以上の高齢者のいる世帯数は、2011 年 （平成 23 年）に、1,942 万世帯となり、全世帯（4,668 万世帯）の 41.6％を占めている。65 歳以上の高齢者の世帯について、三世代世帯は減少傾向にあり、親と未婚の子どものみの世帯と夫婦のみの世帯は増加傾向にある。65歳以上の高齢者の世帯について、子供との同居率については、1980年（昭和55年）に69.0%であったけれども、2011年（平成23年）に42.2%になっている。65歳以上の一人暮らし高齢者については、1980年（昭和55年）に高齢者人口に占める割合は、男性が4.3%（約19万人）、女性が11.2%（約69万人）であり、2010年には、男性が11.1%（約139万人）、女性が20.3%（約341万人）となっている。夫婦のみで生活している高齢者については、1980年（昭和55年）に19.6%であり、その後増え続けて、2011年（平成23年）に37.2%になっている（注10）。

高齢者は、夫婦のみで暮らす割合が増えているので、夫婦関係を見直すことが重要になってくる。男性と女性では、退職後の老後に対する心構えや対応の仕方が大きく異なっている。一般に、女性は、友人づくりがじょうずであり、行動範囲も広くなっている。趣味についても、女性の方が熱心に取り組むことが多い。実際、女性は、夫が定年を迎える以前に、友人を持っており、趣味に打ち込むことが多い。

一方、一部の男性は、会社が生きがいであり、会社が人生のすべてである。会社人間になればなるほど、退職後の生活に展望を持てなくなる傾向にいる。友人も会社関係の者ばかりであり、会社を離れた途端に、行き来がなくなってしまうことが多い。趣味が会社の仕事であったので、退職すると、毎日やるべきことが見当たらない。そこで、妻の後ろにくっついて行動することが多くなる。このような男性は、「濡れ落ち葉」と呼ばれている。男性の「濡れ落ち葉」の程度を調べる調査項目がある。調査項目は、次のとおりであり、「はい」と「いいえ」で答えることになっている。

① 自分の背広など、どこにあるかわかる。
② 家のカギをもっている。
③ 洋服などを買うときは、自分の趣味にこだわる。
④ 電気掃除機を使って掃除することができる。
⑤ 家族との夕食を週３回以上ともにする。
⑥ 健康保険証やハンコがどこにあるかわかる。
⑦ 本を見ないで作れる料理が３種類以上ある。

⑧　子どもの友達の名前を３人以上知っている。
⑨　一人で食料品などの買い物に行く。
⑩　自分専用の空間をもっている。
⑪　スーパーのチラシなどをよく見る。
⑫　洗濯機を使うことがある。
⑬　食後の後かたずけをする。
⑭　休日に気軽に訪問できる友人が近所に３人以上いる（注11）。

調査項目に対して、「はい」の数が４以下の男性は、「濡れ落ち葉症候群」に陥っている。現在では、男性が料理、掃除、洗濯をすることは、日常的なことになっており、抵抗感はあまり存在しない。料理などをすることは、大人になってからよりも、子どものうちにやっておくことである。子どもに、料理などの家事の手伝いをさせる機会を増やしておけば、将来「濡れ落ち葉」になることが避けられるであろう。

3　高齢者の生涯学習

(1)　高齢期の不安

内閣府が発表した「高齢者の日常生活に関する意識調査」によれば、高齢者が不安に感じることは、順に「自分や配偶者の健康や病気のこと」、「自分や配偶者が寝たきりや身体が不自由になり介護が必要な状態になること」、「生活のための収入のこと」、「子どもや孫などの将来」、「頼れる人がいなくなり一人きりの暮らしになること」などである（注12）。この調査結果から判断すると、高齢期の不安は、第１に健康、第２に経済力、である。

健康については、年を取るにつれて、医療機関にかかる受療率も高くなる。65歳以上の受療率は、高齢者人口10万人当たりの推計患者数の割合を意味している。65歳以上の高齢者の受療率は、入院、外来のいずれも、35歳から64歳までの人と比較すると、高くなっている。65歳以上の高齢者の受療率は、2011年（平成23年）には、入院が3.316、外来が11.414である（注13）。

次に、高齢者の経済力は、若い世代に比較すると、相対的に豊かである。「65歳以上の高齢者のみ、またはこれに18歳未満の未婚の子が加わった世帯」である高齢者世帯の1世帯当たり所得は、2010年（平成22年）で307.2万円である。この額は、全世帯平均の538.0万円の半分程度である。しかし、高齢者世帯の世帯人数が少ないので、高齢者1人当たりの所得は197.4万円となり、全世帯平均200.4万円と比較して、あまり差がない水準にある。世帯主が高齢者である世帯は、他の世代に比べて高い貯蓄を持っている。世帯主の年齢が65歳以上の世帯の貯蓄残高は、2011年（平成23年）において2,257万円である。この額は、全世帯の貯蓄残高の1,664万円の約1.4倍になっている（注14）。

高齢者は、長期にわたって資産形成をしているので、若い人よりも資産があって当然である。高齢者の消費行動が、消費全体に及ぼす影響が大きいことが推測できる。生活に不安があれば、貯蓄を持っていても、消費に振り向けないことは想像できる。

(2) 高齢者の関心事

関心のある生涯学習について、総務庁の調査によれば、中高年世代に関心の高い分野は、「趣味的なもの（音楽･、囲碁など）」（52.5%）、「健康・スポーツ（健康法、ジョギングなど）」（45.0%）となっている。他に、「ボランティア活動」、「ボランティア活動に必要な知識など」、「家庭生活に役立つ技能（料理など）」、「教養的なもの（文学、歴史など）」、「職業上必要な知識、技能」、（社会問題（社会問題、国際問題）」などがある　（注15）。

ソニー生命保険会社が50～79歳の1,000名のシニアに対して、2013年（平成25年）9月4日～9月8日の5日間実施したインターネットリサーチによれば、現在の生活において大切にしているものを質問したところ、次の結果が得られた。

> 「大切にしているものとして、最も多く挙がったのは「健康」（84.2%）となり、次いで「お金」（60.4%）、「子ども・孫」（57.1%）、「パートナー（妻・夫・恋人）」（54.8%）、5位「趣味」（53.4%）と続きました。健康な身体と経済力、温かい家族関係に加えて、日常生活を豊かにする趣味が上位に挙がる結果となりました。また、「食事・お酒」（42.7%）との回答も多く、食生活も人生を豊かにする要素と

して重視されている様子がうかがえました。尚、ペットを大切な存在と感じているシニアは 6 人に 1 人（16.8%）となりました。」（注15）

この調査から判断すると、高齢者にとって関心のあることは、健康、経済力、家族関係、趣味、などである。定年を過ぎると、高齢者には時間的余裕ができる。高齢者がその時間的余裕を使い、趣味に打ち込み、教養を高めたいと思うことは、自然なことである。他方、「職業上必要な知識、技能」について、高齢者はあまり関心を示さない。再就職を願う高齢者を除いて、職業に関する知識、技能は必要性がないからである。

(3) 高齢者の社会参加活動

高齢者は、グループ学習、学習活動、世代間交流を通して、社会参加活動を行っている（注 16)。

第 1 に、高齢者のグループ学習については、2008 年（平成 20 年）に、60 歳以上の高齢者の 59.2%が、「参加したものがある」と答えている。10 年前の 1998 年（平成 10 年）と比較すると、43.7%から 15 ポイント以上増加している。参加した活動は、多い順に、「健康・スポーツ」が 30.5%、「地域行事」が 24.4%、「趣味」が 20.2%、「生活環境改善」が 10.6%、「教育・文化」が 9.3%、「安全管理」が 7.2%、「生産・就業」が 7.1%、「高齢者の支援」が 5.9%、「子育て支援」が 2.3%である。ここから、高齢者はグループ活動に積極的に参加していると理解できる。

高齢者のグループ活動への参加意向については、「参加したい」が 54.1%、「参加したいが、事情があって参加できない」が 16.2%、「参加したくない」が 27.3%である。ここから、高齢者はグループ活動に参加する意向が強いと推測できる。

第 2 に、高齢者の学習活動については、60 歳以上高齢者が何らかの学習活動に参加する割合は、17.4%である。高齢者の学習活動への参加状況については、「カルチャーセンターなどの民間団体が行う活動」が 7.6%、「公共機関や大学などが開催する公開講座など」が 4.8%、「公的機関が高齢者専用に設けている高齢者学級など」が 4.2%、「通信手段を用いて自宅にいながらできる学習」が 4.0%、「大学、大学院への通学」

が 0.4%、「各種専門学校への通学」が 0.4%である。一方、「参加したいが、参加していない」と答えた高齢者は 40.2%、「参加したくない」と答えた高齢者が 42.3%になっている。ここから、高齢者が学習活動に参加する割合は、2 割以下であり、それほど多くはないけれども、学習意欲が高い高齢者もいると理解できる。

高齢者が行ってみたい生涯学習の内容は、60～69 歳の場合、次のようになっている。すなわち、「健康・スポーツ（健康法、医学、栄養、ジョギング、水泳など）」が 47.5%、「趣味的なもの（音楽、美術、華道、舞踊、書道、レクリエーション活動など）」が 44.5%、「教養的なもの（文学、歴史科学、語学など）」が 26.6%、「家庭生活に役立つ技能（料理、洋裁、和太鼓、編み物など）」が 22.5%、「社会問題に関するもの（社会・時事、国債、環境など）」が 19.2%、「ボランティア活動のために必要な知識・技能」が 17.5%、「自然体験や生活体験などの体験活動」が 13.8%、「情報端末やインターネットに関すること（プログラムの使い方、ホームページの作り方など）」が 12.3%、「職業上必要な知識・技能（仕事に関係のある知識の習得や資格の取得など）」が 6.7%、「育児・教育（家庭教育、幼児教育、教育問題など）」が 5.2%、「学校(高等・専門・各種学校、大学、大学院など）の正規課程での学習」が 3.0%である。ここから、高齢者が行ってみたい生涯学習の内容の傾向がわかる。

高齢者は、「健康・スポーツ」、「趣味的なもの」を行ってみたいと思っている。一方、「職業必要な知識・技能」、「育児・教育」、「学校」については、行ってみたい高齢者の割合が少ない。

第 3 に、高齢者の世代間交流については、「よくある」と答えた高齢者は、24.6%、「たまにある」は 30.3%である。高齢者の世代間交流は、高齢者と若い世代の人との交流を通して、互いの理解を深めたり、地域での交流を広げたりする。

世代間交流の内容は、バーベキューやハイキングなどの野外活動、公園や通学路の清掃活動、絵画・俳句・短歌などの創作活動、花や農作物の栽培活動など、多様になっている。小学生から高校生までの若い世代は、電車やバスの中で高齢者に席を譲ることを通して、日常的に高齢者と交流することが多い。また、学校を通して、老人ホームに訪問することがあり、高齢者との交流経験がある。しかし、高齢者の方は、若い世代と積極的に交流する機会が少ない。世代間交流を進めることによって、若い世代は高齢者に対する認識を深め、高齢者は若い人と活動を楽しむことができるようになる。

(4) 自分史

人生が終わりに近くなることを自覚すると、高齢者は、自分が今まで歩んできた道をふりかえるようになる。自分は、有意義な人生を過ごしてきたのか。これまでの自分の人生は、間違っていないのだろうか。これまでの人生の中で、やり忘れたことはないだろうか。中年期から高齢期にかけて、自分自身の人生を見つめるようになる。中には、充実した人生を送ることができ、十分満足している高齢者がいるかもしれない。中高年や高齢者が、しばしば「自分史」に関心を持つのも理由があることなのである。中高年や高齢者は、時自分が自分であることのアイデンティティを確認したいのである。自分史については、高齢者を対象とする学級や講座においてしばしば取り上げられている。たとえば、「自分史をつづろう」という学習プログラムがある。

1　目的：高齢者が自分の人生を受容するための具体的な一方法として、ライフレヴュウを行ない、「自分史」を綴る。

2　内容：高齢期と発達課題とライフレヴュウを行なうことの意義を理解するとともに、各自、自分史を作成する。

3　期間：約5ヵ月間、10セッション（講義2、実習6、討議2）、総時間数20時間。

4　対象者：65歳以上の高齢期20名。30～40代の中年層6名（注17）。

条件が整えば、作成された自分史は、出版ということに至る。出版に至らなくても、自分史を作成することは、高齢者が生きてきたことの証明となる。パソコンが普及した現在、高齢者は、比較的容易に自分史を作成できるようになっている。

たとえば、一宮市立図書館主催の自分史講座の終了生などが、「一宮自分史の会」を結成している。同会は、146ページの自分史集「ふくら」

を2002年（平成14年）3月に創刊し、年一回の刊行を予定している。会員は、40代から80代の男女20人である。当時の会長の久國博世氏は、「自分史集『ふくら』創刊号の上梓に寄せて」において、次のように述べている。

「人生の踊り場でふと立ち止まり過去の自分を思いおこす。その延長上の今を見つめ、行く末に思いをはせ自己実現の晴れ場に誘う。これが書き手の精神であり自分史の舞台でありましょう。」

この自分史集に収録された内容は、飼い猫の様子、庭先に植えたキュウリ、空襲の体験、戦時下の結婚など、である。いずれの自分史も自分が体験したことであり、生き生きと描かれている。その後、2012年（平成24年）には、第13号の「自分史集『ふくら』が出版されている。

4　高齢者と死

(1) 死に対する意識

高齢者は、死について考えることが多い。40代から50代にかけて、自分の人生に対する意識が変わる。若い時には、死を意識しないことが多い。死を実感できないのである。若い人にとって未来は開かれており、自分が死ぬことは考えられない。自分の家族が死ぬことも考えられない。

しかし、中年期から人生に対する意識が変わり、若い頃をよく思い出すとともに、あと何年生きられるかと考えるようになる。いわば、人生の終わりの方から、自分の残りの人生を考えるようになる。これは、定年の近い人が、定年までの年数を数えることと似ている。

死に関する学問は、死生学と名付けられている。死生学は広い学問領域の総称であり、医学における死の取り扱い、在宅死と病院死、学校における死の準備教育など、多様な内容を含んでいる。

高齢者にとって、どういう内容の死生学が必要であろうか。ひとつは、死の理解であり、もうひとつは、死の準備である。前者は、高齢者が死を恐れないように、死の意味を理解することである。これは、狭い意味の死の準備教育である。

死は怖いものである。死を恐れない人は、ごく少数であると推測される。C・ベッカー（C.Becker）氏は、死が怖い理由を2つ挙げている。

ひとつは、「自分のやりたいこと、やるべきこと、やり残したことが、もう確実にできなくなると思うから」である。「やり残したこと」があるから、「死にたくない」という気持ちが生じてくる。もうひとつは、「『死はすべての最後である』と錯覚しているから」である。多くの人が、「死んだらすべての終わりだ」と思っている。ベッカー氏は、「多くの日本人が、何もないとは信じていないけれども、明確に来世があるとも信じていない」と結論付けている (注18)。

しかし、この結論は、疑わしい。多くの日本人は、明確ではないけれども、「来世」を信じていると推測される。「明確ではない」ことの意味は、臨死体験者を除いて、「来世」を実際に体験した人が少ないことである。まれに、夢の中などで亡くなった人に会うという体験をする人がいるかもしれない。「来世」があるから、葬式や墓参りを行うのである。「来世」を信じているからこそ、小さい子どもに対して、「悪いことをすると、地獄のエンマ様に舌を抜かれてしまうよ」と脅かすことが効果を持つ。

(2) 尊厳死

後者の死の準備は、高齢者が死を意識した時に実務的な作業を手配しておくことである。具体的には、延命治療をしないでほしい場合は、リビング・ウイル (尊厳死の宣言書) を前もって書いておくこと、できるだけ借金を返す又はしないこと、ある程度の資産があれば、相続のための遺言書を作成すること、自分の葬儀の希望があれば、意思を伝えておくこと、などである。この中のリビング・ウイルは、生前に延命治療をしなくてよいことを明らかにしておくことである。尊厳死を実行してもらうために、リビング・ウイルを残しておくのである。

日本尊厳死協会は、1976年 (昭和51年) 1月に医師、法律家、学者、政治家などが集まって設立された。 2012年 (平成24年) 度において、会員数は、男性が39,958人、女性が80,259人の約20万人である。日本尊厳死協会によれば、リビング・ウイルは、「治る見込みのない病態に陥り、死期が迫ったときに延命治療を断る」ものであり、「病を患って自然な死を望む人」のためのものである。その内容は、次の3

点である。

① 不治かつ末期になった場合、無意味な延命措置を拒否する。

② 苦痛を和らげる措置は最大限に実施してほしい。

③ 回復不能な遷延性意識障害（持続的植物状態）に陥った場合、生命維持装置をとりやめてほしい（注19）。

しかし、現実には、医師が、死に至るまでの過程を見るに耐えないことがありえる。積極的な治療をやめても、栄養補給の管を取り外すのか、という問題がある　（注 20）。栄養補給の管を取り外して、やせ衰えていく患者を正視することはつらいことである。医師だけではなく、家族もその様子を見ていられるだろうか。尊厳死を実行してもらうためには、解決すべきことが多い。

厚生労働省の「終末期医療に関する意識調査等検討会報告書」（2014年（平成26年））によれば、終末期医療に関して、次の結果が得られた。

① 自身の死が近い場合に受けたい医療や受けたくない医療についての家族と話し合いに ついて、一般国民では、「全く話し合ったことがない」と回答した者の割合が高かった。（一般国民は55.9%。）

② 自分で判断できなくなった場合に備えて、どのような治療を受けたいか、あるいは受けたくないかなどを記載した書面をあらかじめ作成しておくことについて、「賛成である」と回答した者の割合が高かった。（一般国民は69.7%。）

③ 前問で、書面の作成に賛成と回答した者のうち、実際に書面を作成している人は少なか った。（一般国民は3.2%。）

④ 自分で判断できなくなった場合に備えて、どのような治療を受けたいか、あるいは受けたくないかなどを記載した書面に従って治療方針を決定することを法律で定めることについて、「定めなくてもよい」「定めるべきではない」という意見が多かった。特に医師は他職種等よりもこれらの回答の割合が高かった。（一般国民は53.2%。）

⑤ 自分で判断できなくなった場合に備えて、家族等の中から、自分に代わって判断してもらう人をあらかじめ決めておくことについて、「賛成である」と回答した者の割合がもっとも高かった。（一般国

民は62.8%。)(以下略)(注21)

一般の国民も、リビング・ウイルを知るようになったけれども、実際に書面を作成している人はまだ少ない。終末期医療の在り方について、法制化の動きがあり、今後の動向が注目される。

注

(1) 内閣府(編)、『平成25年版　高齢社会白書』(印刷通販、2025年)2-3ページ。

(2) 総務省統計局、
http://www.stat.go.jp/data/kokusei/2010/users-g/word2.htm#a06-2

(3) 内閣府(編)、『平成25年版　高齢社会白書』前掲書、9ページ。

(4) 同上、7ページ。

(5) 同上、23ページ。

(6) 同上、12ページ。

(7) 同上、11ページ。

(8) 同上、7ページ。

(9) 無藤隆・高橋恵子・田島信元(編)、『発達心理学入門II　青年・成人・老人』(東京大学出版会、2001年)119-132ページ。

(10) 内閣府(編)、『平成25年版　高齢社会白書』前掲書、13-15ページ。

(11) 辻功・伊藤俊夫・吉川弘・山本恒夫(編著)『概説生涯学習』(第一法規、1994年)176ページ。

(12) 内閣府発表、「高齢者の日常生活に関する意識調査」結果[要約] 2010年(平成22年)4月2日
www8.cao.go.jp/kourei/ishiki/h21/sougou/gaiyo/.../kekka.pdf

(13) 内閣府(編)、『平成25年版　高齢社会白書』前掲書、22-23ページ。

(14) 同上、15、18ページ。

(15) ソニー生命保険会社、ニュースリリース(平成25年度)、「シニアの意識調査」
http://www.sonylife.co.jp/company/news/25/nr_130925.html

(16) 内閣府（編）、『平成 25 年版　高齢社会白書』前掲書、32-36 ページ。
(17) 松井政明・山野井敦徳・山本都久（編）、『高齢者教育論』（東信堂、1997 年）42 ページ。
(18) C・ベッカー、「潔く死ねますか」、
　　カール・ベッカー・柏木哲夫・アルフォンス・デーケン・河野博臣・福間誠之、『潔く死ぬために』（春秋社、1995 年）9-11 ページ。
(19) 一般社団法人、日本尊厳死協会、
http://www.songenshi-kyokai.com/about/purpose.html
(20) 福間誠之、「脳死と生命倫理」、
カール・ベッカー・柏木哲夫・アルフォンス・デーケン・河野博臣・福間誠之、『潔く死ぬために』前掲書、214-215 ページ。
(21) www.mhlw.go.jp/file/05-Shingikai.../0000041846_3.pdf

第 11 章　死の準備教育

死は、誰にでもいつかは訪れるものである。その割には、普段から死は認識されていない。「死」を口にすることさえ、はばかられる。命の尊さは、しばしば主張される。しかし、死については、あまり議論されてこなかった。そこで、「教育学」の授業において、「死について」という題目で受講生に意見を書いてもらった（注 1)。この調査によって、現代の大学生の死に対する考え方が明らかになった。

本章では、現代の大学生の死に対する意見を分析し、死への準備教育が必要であることを指摘する。第 1 に、大学生の死のとらえ方を分析する。死を拒否するものもいるし、受容する者もいる。第 2 に、大学生の死の体験を考察する。ペットの死、家族の死を通して、大学生は死を体験する。第 3 に、大学生は、いじめによる自殺を思い浮かべがちである。いじめによって自殺を企図した大学生もいるけれども、それに対して批判的な大学生もいる。大学生の中には、命の大切さを理解している者もいる。第 4 に、死に対して恐怖を感じる大学生が多い。一部の者は、死を受け入れ、一生懸命に生きることを述べている。第 5 に、死の準備教育（注 2）の必要性を指摘する。

1　死のとらえ方

(1) 死の拒否

大学生は、死をどのように考えているのだろうか。はじめに、「死について考えたことはない」という意見を書いた大学生を紹介しよう。大学生は、年齢が若いので、あまり死を間近に意識したことがないかもしれない。それにしても、20 年前後生きていれば、死というものについて、全然考えたことがないというのは信じがたい。次の大学生は、死についての体験をしなかったのであろうか。

「死について考えたことはない。

自分は、テレビとかで、イジメで死ぬ人たちがいるけど、どんな思いで死ぬのかなとか考えたことはある。親は子供がなにもなやみとか言わない、同級生がイジメをしているのしっていて学校は何もやらない、残された人やイジメをした人は何を考えているのかなと思った。

イジメをしている人は楽しんでやっていて、それでストレスを解しょうしてるんだろうなと自分は思った。死ぬとき、たぶんだけど、親にあやまっている人だろうなと思った。」

この大学生は、矛盾していることに気がついていない。「死について考えたことはない」と言いながら、その後に書いていることは、死についてのことである。恐らく、死について、「じっくりと」、「本格的に」考えたことはないのであろう。

それにしては、この大学生は、いじめによる死について考えている。いじめられた人の気持ち、いじめた人の気持ちを推しはかっている。人間として生まれた以上は、死を免れることができない。好むと好まざるとにかかわらず、死から逃れられない。「死について考えたことはない」では済まされないのである。

次に、死に対して、拒否反応を示す者がいる。どのように死を理解すればいいのかがわからないのであろう。死について考えたことがないわけではない。考えても、結論が出ないので、死について考えたくないのである。次の大学生は、死について「考えないようにしたい」と述べている。

「死は生きているうちは誰にでも訪れるものだし、事故などはいつくるか予想もできない。いつ死んでもいいように悔いのないように生きればいいけど、それもなかなかむずかしい。

できれば、なるべく考えないようにしたい。」

死について考えないで人生を送れれば、幸せである。この大学生は、今まで生きてきた中で、死に直面したことがないのであろう。しかし、これからは、そうはいかない。家族の死、友人の死、先輩の死など、死は、突然にやってくる。死について「考えないようにしたい」といくら思っても、いずれ死と向き合うことになる。死と向かいあった時、この大学生はどうするのか。

(2) 死の受容

死を受け入れ、死ぬことを常に心に思い、生きている大学生もいる。このような大学生は、まれである。次の大学生は、死を受容する意見を述べている。

> 「死について考えることは、すごくいい事だと思う。命の大切さを知るとともに余命なんて誰にもわからないので今を精一杯生きることができる。私自身、いつ死んでも後悔しないように今を生きている。」

この大学生は、死を受容している。その上で、「後悔しないように今を生きている」ことを選択している。このような意見を述べたのは、ひとりだけである。この大学生に、死の準備教育は必要ない。死の準備教育の目標のひとつは、「命の大切さを知る」ことであり、「今を精一杯生きること」である。この大学生において、その目標は、既に達成されている。後は、この大学生の生きざまを見守るだけである。

2　死の体験

(1) ペットの死

現代の大学生が実際に死を体験する機会は、それほど多くはない。最初に死を体験するのは、家族の死以外では、ペットの死を通してである。乳幼児期や児童期において、ペットが死ぬことは、驚くべきことであり、死を体験することでもある。この場合のペットの死は人間の死とは異なるけれども、生き物には死がくることは理解できるであろう。

ペットを飼うことは、生き物の死を理解させる点において、教育的な活動である。ペットを飼ってはいけないという申し合わせがあるので、団地に住んでいる人は、ペットを飼えないかもしれない。しかし、犬や猫などのペットを飼う方が、子どもの精神的、情緒的発達にとって好ましい。できれば、ペットの死ぬ様子を子どもに見せ、死に接する機会を与えてほしい。子どもにとって、ペットの死を見せることは、残酷なことであるに違いないけれども、死を理解させるには、一度しかない機会なのである。

ペットの死について、次のような意見がある。

「死は、とてもおそろしい。まだ、身内の死を体けんしていないが、ペットの死にたちあった。もうペットの生きている姿をみる事はできないのかと思い、とてもかなしくかんじた。」

この意見を書いた大学生は、「身内の死」を体験する前に、ペットの死を体験している。この大学生にとっては、教育的経験が順序よく配列されている。ペットの死が「身内の死」の疑似体験になり、たとえ「身内の死」がやってきたとしても、自分を見失うほど混乱を示さないであろう。

(2) 家族の死

人間の死に出会うとすれば、最も可能性の高いのは、家族の死である。家族の死は、衝撃的である。家族を亡くした人だけが、孤独感や寂しさを理解できるように思われがちである。大学生も、いずれ自分の家族の死に出会う。既に、祖父の死に出会った大学生は、次のように述べている。

「死は、人間においてだれでも経験することで、そのことを考えると恐い。自分がいなくなるなんて考えもつかず、どうなってしまうのかわからない。死によって辛いのは本人だけではなく、周りの人たちも辛い思いをする。祖父が亡くなったときも、ほんとに寂しく悲しく辛く、もう顔を見ることができず、話しもできない。思い出（を作っておきたかった）ともっと話しをしたかった。もっといっぱいいろんなことしたかったという気持ちとまた会いたいという気持ちでいっぱいである。死については疑問がいっぱいである。」（括弧内は、引用者。以下同じ。）

亡くなっていった祖父は、「辛い思い」をしていない。祖父が病気で亡くなったのなら、病気の辛さはあったかもしれない。祖父は、亡くなってから後の「辛い思い」には参加していないのである。「辛い思い」をしたのは、残された家族である。

残された家族は、悲しみ、寂しさ、辛さなどを味わう。家族の死に直面して、悲しみなどを受け入れ、亡くなったことを了解することが必要である。「死」についての「疑問」があれば、それを解消しなければいけない。「死の準備教育」のひとつの役割は、残された家族の悲しみなどを少しでもやわらげることである。

3　いじめと死

(1) いじめによる自殺

学校においていじめられた結果、自殺をした中学生がいる。1994 年（平成 6 年）11 月、愛知県西尾市で当時西尾市立東部中学校２年生だった、大河内清輝君が、いじめに悩んだ結果、自殺した。４人の同級生から、川でおぼれさせるなどのいじめを受け、また百万円以上の恐喝を受けていたことが、後になって判明した。勉強部屋の机の中から、清輝君の遺書が発見され、いじめの実態が詳しく書かれていた。

「児童生徒の問題行動等生徒指導上の諸問題に関する調査」（注 3）によれば、2013 年（平成 25 年）度の国公私立小・中・高校・特別支援学校のいじめの認知件数は、小学校で 118,748 件、中学校で 55,248 件、高校で 11,039 件、特別支援学校で 768 件である。1 校当たりの認知件数は、小学校で 5.6 件、中学校で 5.2 件、高校で 1.9 件、特別支援学校で 0.7 件である。

この調査において、いじめは、「児童生徒に対して、当該児童生徒が在籍する学校に在籍している等当該児童生徒と一定の人的関係のある他の児童生徒が行う心理的又は物理的な影響を与える行為（インターネットを通じて行われるものも含む。）であって、当該行為の対象となった児童生徒が心身の苦痛を感じているもの」とされている。起こった場所は学校の内外を問わない。いじめの中には、「児童生徒の生命、身体又は財産に重大な被害が生じるような、直ちに警察に通報することが必要なもの」が含まれている。

学校におけるいじめを防止するために、いじめ防止対策推進法が 2013 年（平成 25 年）6 月 28 日に法律第 71 号として公布された。公布の日から 3 か月を経過すると、法律が施行されると決められていた（注 4）。この法律で、国と地方公共団体、学校が「いじめの防止等のための対策に関する基本的な方針」を策定することを定めている。

地方公共団体は、関係機関等の連携を図るため、学校、教育委員会、児童相談所、法務局、警察その他の関係者により構成されるいじめ問題対策連絡協議会を置くことができるとされている。基本的施策・いじめ防止等に関する措置として、次のことが規定されている。

1　学校の設置者及び学校が講ずべき基本的施策として（1）道徳教育等の充実、⑵ 早期発見のための措置、⑶ 相談体制の整備、⑷ インターネットを通じて行われるいじめに対する対策の推進を定めるとともに、国及び地方公共団体が講ずべき基本的施策として（5）いじめの防止等の対策に従事する人材の確保等、⑹ 調査研究の推進、⑺ 啓発活動について定めること。

2　学校は、いじめの防止等に関する措置を実効的に行うため、複数の教職員、心理、福祉等の専門家その他の関係者により構成される組織を置くこと。

3　個別のいじめに対して学校が講ずべき措置として（1）いじめの事実確認、⑵いじめを受けた児童生徒又はその保護者に対する支援、（3）いじめを行った児童生徒に対する指導又はその保護者に対する助言について定めるとともに、いじめが犯罪行為として取り扱われるべきものであると認めるときの所轄警察署との連携について定めること。

4　懲戒、出席停止制度の適切な運用等その他いじめの防止等に関する措置を定めること。

重大事態への対処として、学校の設置者又はその設置する学校は、重大事態に対処し、及び同種の事態の発生の防止に資するため、速やかに、適切な方法により事実関係を明確にするための調査を行うものとし、いじめを受けた児童・生徒及びその保護者に対し、必要な情報を提供するとされている（注4）。

いじめを防止するための法律は施行されたけれども、学校におけるいじめが表面化し、問題となってから20年以上経過した現在、いじめられた結果、自殺をする者がいることを否定できない。いじめを防止することも大切であるけれども、同時に、自殺を防止することも大切である。

「平成25年中における自殺の状況」（注5）によれば、2013年（平成25年）度の自殺者は、27,283人である。原因・動機別に見ると、家庭問題が 3,930 人、健康問題が 13,680 人、経済・生活問題が 4,636 人、勤務問題が 2,323 人、男女問題が 912 人、学校問題が 375 人である。19 歳までの児童・生徒・学生で、かつ学校問題で自殺した者は、159 人である。男女別では、男子が 18,787 人、女子が 8,496 人であり、男子が 68.9%を占めている。年齢別の自殺者については、60〜69 歳が 4,716 人（17.3%）、40〜49 歳が 4,589 人（16.8%）、50〜59 歳が 4,484 人（16.4%）、70〜79 歳が 3,785 人（13.9%）、30〜39 歳が 3,705 人（13.6%）である。小学生の自殺者は 8 人、中学生は 98 人、高校生は 214 人、大学生は 469 人、専修学校生等は 129 人である。

自殺者の人数が 1 年間で 2 万 7 千人を超えていることには驚かされる。自殺の原因・動機は社会状況を反映しており、自殺を完全に防止することはむずかしい。しかし、自殺をしても、問題の解決にはならないことが多い。30 代から 70 代の人に対する精神的なケアが必要である。さらに、小・中・高校生の自殺に対しては、自殺防止のためのカリキュラムを実施しなければならないし、悩みを相談できる教育相談体制を充実しなければならない。もし自殺の動機が学校の中で生じた問題であれば、学校や教師は対応を考えなければならない。

次の大学生は、小学校でいじめられ、自殺を考えたことを告白している。

「自分も昔、自殺をしようと本気で思った事が何回かあった。それはいじめが原因であった。小学校の高学年頃だったと思う。だれにも相談することができず、深く重いこんでしまった。それで一日だけ登校拒否をした。しかしそれがよかった。なんか開き直れた。それからは、相手もいじめようとしていっている事ではなかったので、だが自分にとって　はとても嫌だったが、気にしないことにした。それからは、全く考えなくなったというのはウソかもしれないが、『死』なんて考えることない。誰でも、人生の底を味わうことがあると思うが、死という逃げ道を選択してはいけないと思う。底を乗り切った時にこそ、それ以上の生きがいをえることができると思う。生きているほどいいことはない。」

幸いにも、この大学生は、自殺を選択しなかった。しかし、不幸にも、自殺を選択した者に対して、学校は何かできることはなかったのか。学校のできることは、児童・生徒に対して、自殺をしないように教えることである。このことは、児童・生徒に「生きる力をはぐくむこと」を目指すことになる。自殺をしないことは、「人間尊重の精神」を具体化することを意味している。また、「人間としての生き方についての自覚を深め」ることや「生徒が自他の生命を尊重」（中学校学習指導要領「第1章総則　第1教育課程編成の一般方針　2」）することは、明らかに自殺をすることを否定している。

(2) いじめによる自殺に反対

いじめによる自殺に対して、批判的な考えを持つ者は、割合多い。もともと死ぬことは、人生の中において重大なことである。しかし、いじめに遭った人の何人かは、生きることより死ぬことを選択した。この選択に対して、「死を軽んじている」と感じた人がいる。次の大学生は、安易に死を選択することに対して、批判的である。

「最近、未成年の非行や犯罪が多発して、罪を犯した後に自殺したり、いじめによる自殺や、親などのせっかん死など、どうも死を軽んじているような気がする。はっきりいって、病気で苦しんでいる人たちの中では、一生けんめい生きようとする人達に対して、とても失礼だし、その人達に寿命を与えれるものなら、そうして欲しい。結局、死ぬ事を逃げ道にしていて、ある意味ずるいし、残された家族などがすごく辛いと思う。

死というものをおそれない子供が増えてきている傾向になる世の中をどうにかかえてほしいと思う。まずは親子の家庭の方から、立て直していかないといけないと思う。」

いじめられた本人にとって、いじめは辛いことである。しかし、いじめられた結果、死を選択すると選択しないとでは、違いが大きいし、「残された家族」はもっと辛いのである。いじめられた結果として死を選択した場合、「死を軽んじている」という批判をされても反論できない。いじめられたことに対して、死だけが選択肢ではない。家族や教師に相談する選択肢もあるし、学校に行かない選択肢もある。転校するという選択肢もある。死ななくても、いじめを避ける選択肢が存在するのである。

(3) 命の大切さ

大学生の中にも、「命の大切さ」を主張する者がいる。「命の大切さ」を主張する者は、たとえいじめに遭っても、自殺することはないであろう。本来なら、家庭、学校、地域社会において、「命の大切さ」が教えられなければならない。「命の大切さ」を理解していれば、命を粗末にすることはないであろう。次の大学生は、「命の大切さ」を主張している。

「命の大切さがわかっていない人がたくさんいると思う。最近ひじょうに自殺がふえている。とくに若い年の人が自殺するといったケースをよくきく。どんなつらいことがあろうとも生きるべきだと思う。生きたくても病気や事故などで生命をたたなくてはならない人もいる。そのような人たちにたいしても失礼だと思うし、親に対しても、もうしわけないと思う。もっと命を大切にするべきだと思う。」

「最近では、『死』で何もかも解決できると思っている人が多いと思うが、死んで解決できる問題はないのではないか。生きていればつぐなえるし、自殺を選んだ人も、生きていればこれから楽しいことは、いくらでもおこるであろう。要するに僕がいいたいことは、命はかけがえのない大切なものであるということ。命を粗末にするなということである。　何よりも、死んで、周りの人の悲しみがどれだけのものか、みんなわかっていないと思う。寿命は仕方がないと思うが、問題は自殺である。とくに、まだ若い人の自殺が気にかかる。底まで苦しんでいたとなぜだれも苦しんでいた人の苦しみをわかってあげられなかったのだろうと思う。まだ若い人が命を落とすことほど、悲しいことはない。」

「命の大切さ」を主張する者は、精神的に健康な人である。精神的に健康な人は、「どんなつらいことがあろうとも」自殺をしないで、生きることを選択する。この精神的健康の考え方をもっと学校教育の場に導入すべきである。学校教育の場では、「心身の健康」が重視されているけれども、心の健康にもっと注意を払うべきである。

「命の大切さ」は、学校教育の中では、道徳の時間に取り上げることになっている。たとえば、中学校学習指導要領「第3章道徳　第2内容　3 主として自然や崇高な者とのかかわりに関すること」の中に、次の記述がある。

(1) 生命の尊さを理解し、かけがえのない自他の生命を尊重する。

(2) 自然を愛護し、美しいものに感動する豊かな心をもち、人間の力を超えたものに対する畏敬の念を深める。

(3) 人間には弱さや醜さもあるが、それを克服する強さや気高さがあることを信じて、人間として生きることに喜びを見いだすように努める。

この中の「自他の生命を尊重する」ことを十分理解していれば、自殺を選択する者はいなくなるであろう。小学校と中学校では、道徳の時間が教育課程の中に位置付けられており、「命の大切さ」を教えることができるはずである。2018年（平成30年）からは、道徳は特別の教科として位置づけられる。現実には、「命の大切さ」は児童・生徒に十分理解されているとは言えない。「命の大切さ」に関する教材を開発することが重要であり、教え方も工夫すべきである。

4　死ぬことと生きること

(1) 死への恐怖

人間として生まれた以上、死を免れることはできない。誰でも、遅いか早いかの違いはあっても、死んでいくのである。意見を書いてもらった大学生も、自分がいずれ死ぬことは、知識として知っている。死ぬことは知っていても、大学生の多くは、死ぬことに対して恐怖を感じている（注6）。

死ぬことに対する恐怖の在り方は、人によって少しずつ異なっている。第1に、自分の死がいつやってくるのかを知らないので、恐怖を感じる人がいる。たとえば、次の大学生は、自分の「死ぬ時期」がわからないことを恐怖に感じている。

「死はいずれはやってくるけれど、なるべく長く生きたいと思う時もあるけど、ただなんとなく生きるくらいなら、好きなことを満足するまでやって、ある程度の年で死ぬのも悪くない。死は、いつ自分におとずれるかわからないから恐ろしい。死ぬ時期が分かっているのなら、いろいろな計画を立てることができるから、それなりの満足ができる。

死は一度しかないから恐ろしい。」

この大学生の死に対する恐怖は、特殊なものではない。むしろ、この恐怖は、すべての人間が持っているものである。この恐怖は、死に対する「漫然とした」恐怖と呼ぶことができる。自分の死に対する具体的な情報がないのに、「漫然と」死を恐がっているだけである。

第2に、死が無を意味するから、恐怖を感じる人がいる。死が無を意味するなら、今まで生きてきたことが全部否定されてしまう。死を迎えることは、自分が無に帰することである。無になった自分を考えると、死は恐いものとなる。次の大学生は、死を無と理解している。

「いままで『死』と言うことを考えたことは、あまりありません。でも、もし自分が死んでしまうと考えたら本当にこわい物だと思います。今まで普通に生きていたのに、突然『死』と言う物に直面したら自分はどう思うのか、どうするかわかりませんが、今まできずいてきた物が無になると考えるとゾーとしてしまいます。しかし誰もがいづ（ず）れか　は『死』という物に直面し、長いか短いかわ（は）人それぞれですが、　自分はできるだけ長く生きて、自分の自（人）生をエンジョイしたいと思う。

『死』に直面する前に、やりのこした（こ）とがあると思わないようにしたいと思う。」

この大学生には、救いがある。死ぬ前に、やり残したことを実行したいと思っている。問題は、死を無と理解することが正しいかどうか、あるいは、大学生にとって好ましいことかどうか、である。どのように死を理解すればよいのか。この問いは、学校教育の中では、取り扱われてこなかった。

第3に、死後の世界を考えることによって、死に対して恐怖を感じる人がいる。自分が死んだ後、どうなるのか。この問いに対する答えが得られないので、死に対して恐怖を感じるのである。次の意見は、死後のことを心配している。

「私の死に対する考え方は、まだあまり深く考えたことはないけど、時々すごく恐くなったり、悲しくなったりする。

死んだら、どうなるのかとか、どこへ行くのかとか。

天国と地獄どっちへ行くのかなど・・・。

最近は未青（成）年の自殺やサラリーマンの自殺がよくニュースで取り上げられているが、最近は昔と比べてコミュニケーションの問題があると思う。人とうまくコミュニケーションが取れなかったり、精神的苦痛を受けたりして死を選ぶ人も少なくない。子供の頃に比べて、最近は死が身近に感じるようになったが、これからもこのままではいけないと思う。」

この大学生については、死後の世界に関する情報が得られると、死に対する恐怖が減少する。大学生本人が納得できるような説明が手に入れば、問題はない。しかし、「天国と地獄どっちへ行くのか」に対する答えが手に入るかどうかは、疑問である。「天国と地獄どっちへ行くのか」という言明は、検証することができない。検証は、観察や実験によって、言明の真偽を確認することを意味している。ところが、「天国と地獄どっちへ行くのか」という言明の真偽を確認することは、不可能である。死にそうになったという臨死体験はあり得るけれども、「天国」や「地獄」へ行ってもどってきた人はいないからである。

第４に、友達の死に遭遇した結果、死を身近に感じた人がいる。自分の知っている人が死ぬと、死を強く意識する傾向がある。逆に、見知らぬ人の死に対しては、死の実感があまりわかない。友達の死に出会った大学生は、次のように述べている。

「オートバイで男友達が死にました。オートバイでは、３人友達が死にました。その時、もっと悲しむと思ったら、驚きの方が強く、ぼうぜんとなっただけでした。あとからじわじわと死という現実に当たりました。こんな思いは決してしたくないといつも思います。」

この大学生は、中年期以降に出会う経験をしている。中年期以降になると、自分の知っている友達、同僚、先輩、後輩が何人か死んでいく。

すると、死に対する恐怖が増幅されていく。自分も、死ぬ時期を迎えたと、考えるようになる。この大学生は、友達の死によって、「死という現実」に出会い、死に対する嫌悪感を示したのである。

第５に、友達の死ではなく、自分の死にかけた経験から、死に対する恐怖を感じた人がいる。大学生は、自分が死にかけたことによって、死に対する恐怖を実感した。大学生は、死にかけた様子を、次のように述べている。

「『死』は死んでみないと分からないが、ニュースで『何なにで死亡』とか言っているニュースを見ると『明日は我が身』だなと思います。私は何度か死ぬかもしれないと思ったことがあります。車を運転していていねむりをしてしまい目がさめたら反対車線を走り、前からトラックが近づいてきた時や、サーフィンをしていて、潮の流れが早くてどんどん　沖に流されていって助けを呼ぼうにも他人をまきぞいにするかもしれないくらい流された時、あの時は本当に『死』という恐怖感がゾォーッときました。

実際、死ぬなら老すいみたいなかんじで死をむかえたいと思います。理由は、苦しんで死ぬよりも、スゥーッと気持ちよく死にたい。それにもっと長生きしたいからです。」

この大学生が体験したことは、「具体的な」恐怖と呼ぶことができる。死に対する「漫然とした」恐怖ではなく、自分が死にかけたことから生じる「具体的な」恐怖なのである。死にかけたことを経験した人は、数の上では、少ないであろう。しかし、死にかけたことは、貴重な経験である。死にかけた人は、逆に、もっと生きたいと願う傾向がある。この大学生も、「もっと長生きしたい」と願っている。

(2) 死から生へ

死に対する恐怖を実感した人は、生きることを大切に考える傾向がある。死にかけた経験を体験するように勧めるわけにはいかないけれども、死についての学習は可能である。死についての学習は、よりよく生きるための学習でもある。次の大学生は、死を生きることと関連付けて考えている。

「人が死ぬということはどんなことなのか。私は身内や友達が死んだという経験がないので、死を身近に感じることはありません。しかし最近では、テレビや親（新）聞で、たくさんの死を目にします。自分のイラだちをはらすために他人を殺したり、自分を守るために人を殺したり、戦争によって人を殺したり、そういったことが今この時にもおこっている。（中略）

結論をのべると、確かに死というものは恐ろしい。自分は病気で死ぬのか、事故で死ぬのか、他人に殺されるのか、老すいで死ぬのか、わからないけれど、死というものを考えることは、生きるとはどういうものかを考えることになる。1分1秒を大切にしようと考える。だから私は死というものを恐れず受け入れることができると思う。」

死について考えることは、年齢によって、その意味付けが異なってくる。20 歳前後の大学生にとって、死について考えることは、どのように生きるかを考えることを意味している。この年代の若者に対しては、交通事故などで死なないように指導することも必要である。大切なことは、現在から未来に向かって、自分はどのように生きるかである。

一方、50 歳前後の人にとって、死について考えることは、残りの人生をどのように生きるかより多くのことを意味している。自分の今まで生きてきたことは、価値があるのか。今までに、満足した仕事ができたのか。自分が死んだ後、残された家族の生活は大丈夫だろうか。自分が死んでも、勤務先に迷惑がかからないだろうか。これらのことが、次々と頭に浮かんでくる。

さらに大切なことは、自分も死に近付いてきたことを理解し、死に対して心の準備をすることである。50 歳にもなれば、知り合いの中で、死んでいく人が出てくる。中には、自分より年齢が若い人が死ぬこともある。50 歳の人は、20 歳の人と比べて、確実に死に近付いているのである。

5　死の準備教育の必要性

大学生の死に対する生の声を分析して、いろいろ気がついたことがある。第1に、現代の大学生は、家族の死などの体験が少なくなっている。

ペットの死に立ち会った大学生はいるけれども、その人数は少ない。
家族の死については、大学生がまだ若いので、立ち会うことがなかったと推測できる。それにしても、祖父母の死に立ち会ってもよさそうなものである。「立ち会う」ことの中身についても、検討しなければならない。現代では、自宅で息を引き取る場合より、病院で亡くなる場合の方が、はるかに多い。いわゆる「病院死」が増えたため、家族の臨終に「立ち会う」機会が少なくなった。また、小さい子どもには、臨終を見せたくないという親の配慮がある。「立ち会う」ことを家族の死に目に「立ち会う」ことと理解すれば、現代の大学生は、家族の臨終に「立ち会う」機会が少ない。一方、「立ち会う」ことを家族の葬式に出席することと理解すれば、臨終に「立ち会う」機会よりは、数が多いかもしれない。
同様に、ペットの死についても、同様に「立ち会う」機会が少ない。マンションや団地に住んでいれば、そもそもペットを飼うことはむずかしい。ペットの死に際して、お墓を作ることは、貴重な経験となる。しかし、土地がなければ、ペットのお墓を作ることもできない。
第２に、学校教育の中で、死については、ほとんど取り上げられていないのが現状である。もともと、死はタブーとされてきた。死は触れてはいけないもの、死は避けて通るもの、という意識があり、いまだにこの意識が残っている。
学校教育の中で死を取り上げることは、「寝た子を起こす」危険があると信じられている。死について学習すると、その結果として、自殺する者が出てくるのではないかと心配するのである。このような心配から、学校では、できるだけ死に触れずにいたいということになる。
しかし、死に触れたくなくとも、新聞やニュースを見ると、殺人や自殺が目や耳に入ってくる。特に、いじめを苦にした自殺は、大きく報道され、問題になっている。もはや、死に触れずに生きることはできないのである。次の大学生も、死について考えるべきだと述べている。
「最近、自殺が多いが、なぜ人は追いつめられたら、死という道を選択してしまうのか。例えば、いじめを受けて逃げたいと思うが、そこで死を選ぶことは、いじめよりもっと恐いことじゃないのか。人は誰でも、死はおとずれるが、どんなにつらいことがあっても、自分で自分の首をしめてはならない。人は、もっと『死』について考えなきゃいけないと　思います。」

「『死』について考え」ることは、「死という道を選択」することを意味していない。むしろ、それは、生という道を選択することを意味している。この大学生も、生きてほしいという願いから、「『死』について考え」ることを主張している。A・デーケン（A.Deeken）氏は、「死への準備教育」が、「小学校からの必修科目として、カリキュラムに取り入れられることを願ってい」る（注 7）。

第 3 に、年齢によって、死の準備教育の内容が異なってくる。一般に、人間の一生の中で、死の準備教育が必要となるのは、中年期から老齢期になってからである。寿命によって死が近づいてきたので、死を恐れないで、安らかに死を迎えるために、中年や高齢者は、死について学習したくなる。E・キューブラー・ロス（E.Kubler-Ross）の「死の 5 段階説」を知ることは、死に対する恐怖をやわらげる。「死の 5 段階説」は、第 1 段階の否認と孤立、第 2 段階の怒り、第 3 段階の取り引き、第 4 段階の抑鬱、第 5 段階の受容、から構成される（注 8）。

一方、大学生にとって、死は、家族の死以外では、自殺、交通事故と関連している。自殺と交通事故を比べると、交通事故で死ぬことが、あり得ることであり、不安に思っている。たとえば、次の大学生は、交通事故による死を強く感じている。

「私自身、死にそうになったことはないけど、私以外の家族が救急車にのったり、死にそうになったことがあるので、死ということに一般の人よりか、恐怖感が強いと思います。

あと、車の免許を取ってから、死について、よりいっそう考えるようになりました。私の同級生が交通事故で亡くなったり、知り合いが死んだりと、車での死が多いので、車の免許を取ってから、死が近づいてきたと思いました。」

実際、交通事故の犠牲者の中で多いのは、若者と高齢者である。大学生が「車の免許を取ってから、死が近づいてきた」と感じるのは、もっともなことである。もし死を感じるなら、死を避けるように行動すべきである。交通事故を避けるような運転をすることが必要である。友達の車に便乗する時には、あまりスピードを出さないように注意してやることも必要である。大学生が知っておくべきことは、中年や高齢者が知りたいことと、かなり異なっている。

注

(1) アンケートは、2000年(平成11年)6月29日(木)に実施した。3時限目の経済学部の授業では、105名、4時限目の法学部の授業では、53名の回答があった。

(2) 平山正美氏は、「死の準備教育」という用語が消極的な色彩の強い内容を持たせるとしいう理由から、積極的な意味を含む「生と死の教育」という用語の方が望ましいと主張している。

　樋口和彦、平山正美(編)、『生と死の教育』(創元社、1995年) 146ページ。

(3) 文部科学省、「平成25年度『児童生徒の問題行動等生徒指導上の諸問題に関する調査』等結果について」2014年(平成26年)10月6日、http://www.e-stat.go.jp/SG1/estat/List.do?bid=000001055973&cycode=0

(4) http://www.mext.go.jp/a_menu/shotou/seitoshidou/1337288.htm

(5) 内閣府自殺対策推進室 警察庁生活安全局生活安全企画課、「平成25年中における自殺の状況」 平成26年3月13日 、

　https://www.npa.go.jp/toukei/index.htm

R・C・ミラー(R.C.Miller)は、死に対する恐怖の原因として、強烈な生本能、無に帰すること、永遠の別離・孤独、貯えてきたものを最終的に失うこと、やり終えていない仕事がたくさんあること、挫折感を与えること、様々な迷信特に地獄の恐怖、宗教、未知なこと、突然の死に対する恐れ、を挙げている。

(6) R.C.Miller,Live Until You Die (A Pilgrim Press Book from United Church Press,1973)

　邦訳、R・C・ミラー、鍋倉勲訳、『死の教育』(ヨルダン社、1995年) 29-34ページ。

(7) A・デーケン、『死とどう向き合うか』(NHK出版、1997年) 205ページ。

(8) 第1段階の否認と孤立では、ほとんどの人は、不治の病であることを知らされた時、「私のことではない。」と否認する。その後、孤立し、孤独感が深まる。第2段階の怒りでは、否認を維持できなくなると、自分以外の人間や神に対して、怒り・激情・妬み・憤慨といった感情が現れてくる。第3段階の取り引きでは、死を先に延ばすように神と交渉するようになる。第4段階の抑鬱では、身体の一部を失うこと、経済的負担、職を失うことなどから喪失感が生まれ、反応的な抑鬱になる。一方、この世との永遠の別れのために、心の準備をしなければならないという苦悩がある。これを準備的な抑鬱と呼ぶ。第5段階の受容では、感情がほとんど欠落した状態であり、痛みが消え、苦闘が終わり、「長い旅路の前の最後の休息」が訪れたかのような状態である。患者とのコミュニケーションは、言葉を使わないものになっていく。

E.Kubler-Ross,On Death and Dying (Macmillan,1969)

邦訳、E・キューブラー・ロス、鈴木晶訳、『死ぬ瞬間ー死とその過程について』(読売新聞社、2001年) 59-201ページ。

著者
伊　藤　利　明　　博士（教育学）

現在
関西福祉科学大学教授

著書
『教育学の展開』（中部日本教育文化会、2013年）
『乳幼児の教育』（中部日本教育文化会、2016年）
『現代の道徳教育』（中部日本教育文化会、2016年）

生涯学習の理論

2015年5月1日　初版発行
2018年5月2日　第2版発行

著　者　伊藤利明
発行者　恒川順継
発行所　㈱中部日本教育文化会
〒465-0088　名古屋市名東区名東本町177
TEL〈052〉782-2323
FAX〈052〉782-8172

ISBN978-4-88521-898-9